SVEN BACHS JOBFOOD

Schlank und gesund im Arbeitsalltag

MIT WOCHENPLAN UND MEAL PREP

humboldt

Inhalt

Vorwort

Liebe Leser,

„Du bist, was du isst!“ Das hört sich oberschlau an, doch es stimmt tatsächlich – wie ich auch am eigenen Körper erfahren habe. Eine Erfahrung, die ich weitergeben möchte: Seit 20 Jahren berate ich Menschen zum Essen im Arbeitsalltag. Rund 70 Prozent essen nach meinen Erfahrungen mangelhaft: Kein Frühstück, dafür um 10 Uhr bei der Arbeit ein Aufbackbrötchen vom Kettenbäcker mit labbrigem Gemüse, viel Remoulade und angegilbter Wurst. Die Butterbrezel oder der Schokoriegel sind ebenfalls morgendliche Begleiter ohne besonderen Nährwert. Bei allem steigt der Blutzuckerspiegel schnell in die Höhe und entsprechend schnell fällt er auch wieder in den Keller – erneuter Hunger und zu viel essen sind die Folge.

In den kleineren Kantinen finden wir oft Fertigessen aus der Aluschale, das mit Zusatzstoffen und industriell verarbeiteten Lebensmitteln hergestellt wird. In größeren Kantinen ist das Angebot zwar häufig gut, aber trotzdem greifen viele Menschen am liebsten zu Pommes und Schnitzel. Am Abend zuhause muss die Zubereitung der Speisen für die ganze Familie schnell gehen – und dann wird wieder zu Fertigtüten oder zur Tiefkühlpizza gegriffen.

Ich konnte die letzten 20 Jahren viele Menschen kulinarisch begleiten und durfte ihr Essen lecker und gesund verändern: Natürlich haben der Kaffee und das Stück Geburtstagskuchen mit den Kollegen bei der Arbeit noch Platz, aber wir benötigen, um gesund, geistig ausgeglichen und leistungsfähig zu sein, eine strukturierte, möglichst zusatzstofffreie, saisonale, leckere und schnell umsetzbare Ernährung. Das Buch wird Ihnen helfen, diese Punkte mit viel Spaß umzusetzen.

Ihr

esc
command
option
control
option
command
fn

ERNÄHRUNGS-TATORT ARBEITSPLATZ

Im Arbeitsalltag geht das Wichtigste für unsere Leistungsfähigkeit und vor allem für unsere Gesundheit unter: Wir leben vom Essen und Trinken! Dies sollten wir trotz Arbeits- und Alltagsstress nicht vernachlässigen. Wir haben nur ein Leben, und das ist gesund einfach viel angenehmer. Deshalb sollte Essen nicht zur Pflicht im Alltag, sondern zum Genuss und zu einer herrlichen Auszeit im Arbeitstag werden.

Wenn die Mittagspause zum Problem wird

Studien haben gezeigt, dass viele Arbeitnehmer sich nicht gesund ernähren.

Sonderlich gesund leben die deutschen Arbeitnehmer nicht, wie eine aktuelle Umfrage des Marktforschungsinstituts Moweb unter 220 Führungskräften ergab: Mehr als die Hälfte isst ihr Mittagessen am Schreibtisch, zwei Drittel wählen Fast Food. Zwei Drittel der Umfrageteilnehmer gaben zudem an, dass ihr Unternehmen eine Betriebskantine habe, in der es gesundes Essen gebe, zum Beispiel ein Salatbuffet – aber gesund gegessen wird deshalb noch lange nicht!

In vielen Unternehmen, die ich zur betrieblichen Gesundheitsförderung betreue, stehen in den Maschinenhallen oder in den Pausen- und Aufenthaltsräumen Snackautomaten mit Schokoriegeln, Wurst- und Käsebrötchen und zuckerreichen Getränken. In den Kantinen gibt es oft Essen aus der Alu- oder Plastikschale, mit wenig oder verkochtem Gemüse. Schauen wir uns die Problemfelder im Einzelnen an.

Problem 1: Wo kommt das Essen her?

Besonders wer keine Kantine hat, sollte seine Mahlzeiten gut planen.

Viele Berufstätige nehmen ihre Mahlzeit zu sich, ohne sie im Vorfeld besonders zu planen. Nach dem Motto: „Mal schauen, was es so gibt." Bei uns im Schwarzwald gibt es Unternehmen, die in den letzten Jahren die Probleme aktiv angegangen sind. Hier gibt es alle Möglichkeiten: Der Mitarbeiter bekommt von der Müslibar am Morgen über die Salatbar am Mittag und dem Fleischkäsebrötchen sowie Schnitzel mit Pommes alles, was das Herz begehrt.

In anderen Unternehmen gibt es keine eigene Kantine und auch im Umfeld keine gute Möglichkeit, ausgewogene Lebensmittel oder fertig gekochte Mahlzeiten zu kaufen. Meistens ist dann alles, was Sie beim

Bäcker oder Metzger, an der Imbissbude oder auch oft auch beim Mittagstisch essen, keine gesunde, leistungsfördernde Lebensmittelkombination. Hier dominieren in der Regel günstige, schnell produzierte, fettige, zusatzstoffreiche Zutaten – da müssen Sie sich über einen schweren Magen, Blähungen und langfristiges Hüftgold nicht wundern.

Das klassische Vesperbrot mit Käse und Wurst hängt nicht nur Ihren Kindern sehr schnell zum Hals heraus, sondern auch Ihnen. Oft fehlt es an Ideen, dabei gibt es viele Alternativen zum langweiligen Wurst- und Käsebrot und schnelle sowie leckere Abendessen.

Für viele ist gesundes Kochen nach dem 10-Stunden-Arbeitstag einfach zu stressig. Dann werden oft Tüten-, Tiefkühl- und Fertigmahlzeiten verwendet. Niemand mag das besonders und befriedigt später sein Bedürfnis nach Genuss mit Schokolade und Co. Doch es gibt eine Lösung: Geplante Einkaufs- und Menürichtlinien mit Lunchboxen für die Arbeit und Ideen für schnelle Gerichte am Abend, die Sie auch am nächsten Tag problemlos in der Teeküche am Arbeitsplatz aufbereiten können. Wie das funktioniert, zeige ich Ihnen im praktischen Teil dieses Buches.

Problem 2: Zu viel Stress bei der Arbeit

Auch typisch: Viele von uns haben so viel zu tun, dass sie eigentlich keine Zeit zum Essen haben. Entweder sie übergehen ihren Hunger und essen zu wenig oder sie essen etwas nebenbei auf die Schnelle. Das verleitet oft dazu, zu schnell zu essen oder sich einseitig zu ernähren. Ungesunder Nebeneffekt: Wer bei der Arbeit nicht ordentlich isst, macht oft auch keine richtige Pause – und die ist wichtig.

Es stimmt schon: Arbeit kann durchaus stressig sein. Und wenn wir Menschen gestresst sind, dann essen wir oft mehr! Zumindest 40 Prozent der Menschen greifen bei Stress regelmäßig in die Keksdose oder Chipstüte, fand das Deutsche Institut für Ernährungsforschung heraus.

Grund dafür ist, dass der Körper bei viel Stress in Alarmbereitschaft versetzt wird und anfängt, Adrenalin auszuschütten. Dieses Stresshormon lässt uns Appetit vergessen und ermöglicht uns erhöhte Leistung – für den Moment. Doch die darauf folgende Ruhephase, in der der Körper versucht, sich das zurückzuholen, was er vorher verbraucht hat, ist gefährlich. In diesen Momenten bekommen wir nämlich Appetit.

Stress macht auf Dauer krank und fördert Übergewicht.

Wer unter chronischem Stress leidet, schüttet zusätzlich noch das Stresshormon Cortisol aus. Dieses verstärkt unseren Appetit, obwohl wir eigentlich gerade gar keine Nahrung benötigen. Der psychische Stress, dem wir heutzutage meist ausgesetzt sind, verbraucht nämlich nicht so viel Energie, wie noch in Urzeiten, als es galt, dem Säbelzahntiger zu entfliehen. Deshalb sind besonders die 11 Prozent der deutschen Bevölkerung, die unter chronischem Stress leiden, sehr anfällig für Übergewicht. Nun heißt das Ganze nicht unbedingt, dass jeder zum Stress-Esser mutiert: Zu den 40 Prozent, die bei Stress mehr essen, kommen 40 Prozent, die in stressigen Phasen eher weniger essen. Die restlichen 20 Prozent ändern ihr Essverhalten nicht.

Es kann aber nicht nur Stress sein, der einen zur zusätzlichen Nahrungsaufnahme verführt: auch wenn man sich konstant belohnen möchte, kann es schnell zu viel werden. Meist ist solches Verhalten bereits seit der Kindheit in uns verankert: Wer als Kind etwas Leckeres als Belohnung bekommen hat, der wird sich auch im Erwachsenenalter damit belohnen wollen.

Was ist dann die Lösung: Alle geliebten Snacks verbannen? Definitiv nicht. Denn alles, was uns verboten ist, wird nur noch reizvoller und attraktiver. Es ist tatsächlich gar nicht so schlimm, wenn man hin und wieder zu einer Tafel Schokolade, Erdnüssen oder der besonders geliebten Hausmannskost greift und sich damit etwas belohnen möchte. Es darf nur nicht zur Angewohnheit werden, uns so von unangenehmen Gefühlen zu befreien. Wie das klappt, erkläre ich Ihnen weiter hinten im Buch.

Stressfrei mit Entspannungsphasen während der Arbeit

von Martina Amon, Diätassistentin, Stressmanagementtrainerin und Motivationsexpertin

Essen Sie, wenn Sie Stress haben? Manche essen direkt in stressigen Situationen – der bekannte Griff zur Nervennahrung. Manche essen das schnelle Wurstbrötchen, weil einfach keine Zeit ist, und andere essen den ganzen Tag gar nichts, aber wenn es dann nachhause geht und endlich Ruhe einkehrt, dann Gnade dem Kühlschrank. Viele von uns essen aus Stress, auch wenn wir es nicht in direktem Zusammenhang sehen. In meinen Beratungen komme ich häufig an diesen Punkt. Denn was gesundes Essen ist, weiß mittlerweile jeder, aber an der Umsetzung hapert's: Möhren mit Quarkdip helfen einfach nicht, wenn die Seele nach Schoki schreit. Wir haben über Jahre gelernt, unsere Emotionen über Essen zu regulieren und diese erprobte Strategie möchte unser innerer Schweinehund immer und immer wieder aufrufen, denn sie klappt doch so gut.

In Seminaren höre ich oft „Frau Amon, aber ich versuche einfach, häufiger Sport zu machen, um runterzukommen am Abend – auch wenn ich manchmal echt zu kaputt bin." Prinzipiell eine wichtige und gute Strategie, um den Tag abzurunden und Arbeitsstress zu reduzieren. Doch wenn ich weiter nach höre, ist das Stresslevel gelegentlich so hoch, dass selbst der Sport nur begrenzt helfen kann. Oft folgt eine unruhige Nacht, in der wir gedanklich noch arbeiten oder Dinge erledigen.

Der Schlüssel liegt in kleinen Entspannungsphasen während des Arbeitsalltags. Ob fünf Minuten lesen, Kreuzworträtsel machen, Musik hören oder raus gehen. Erlaubt ist, was entspannt, und da haben wir alle ganz unterschiedliche Vorstellungen. Je häufiger wir uns über den Tag verteilt kleine Pausen gönnen, desto geringer ist unser Stresslevel am Abend.

Machen Sie sich auf die Suche nach Ihren persönlichen Stressmonstern im Alltag. Denn von der Wissenschaft haben wir gelernt, es sind nicht die großen schweren Krisen im Leben, die uns Menschen auslaugen. Es sind die vielen kleinen fiesen Stressmonster, die uns unsere Kraft rauben. Finden Sie Ihre persönlichen kleinen Alltagsrituale, die etwas mehr Ruhe in Ihren Arbeitstag bringen.

Problem 3: Die vielen Süßigkeiten

Süßigkeiten am Arbeitsplatz: Oft stehen sie auf dem Schreibtisch von Kollegen oder in der Etagenküche – oder Sie bringen sie sich von zuhause mit. Und von Zeit zu Zeit bietet die nette Sekretärin Selbstgebackenes an und man greift kräftig zu, um sie nicht zu enttäuschen. Außerdem wir finden es doch alle toll, wenn eine Kollegin Geburtstag hat und Kuchen mitbringt! Oder wenn im Seminar Kaffee und Kekse auf dem Tisch stehen ...

Sie sehen schon: Es muss nicht unbedingt eine Stresssituation sein, die den Griff zur Schokolade auslöst. Oft ist es vielmehr der innere Schweinehund, der uns dazu auffordert, zum Schokoriegel zu greifen. Laut einer Befragung der Techniker-Krankenkasse kämpft jeder zehnte deutsche Arbeitnehmer regelmäßig mit sich selbst – und verliert. Einige Kekse hier, ein Stück Kuchen da, dann noch das Croissant und jetzt noch einen Cappuccino – schon hat man unzählige Kalorien zu sich genommen, ohne darüber nachzudenken.

Besonders wenn man gerade ein Tief hat, nichts so klappt wie man möchte und noch dazu ein riesiger Berg Arbeit vor einem liegt, möchte man zum schnellen Energielieferanten Schokolade greifen. Meine Empfehlung: Tun Sie es nicht! Ihre Leistung wird sich zwar kurzzeitig verbessern, doch danach kommt das Tief und das Verlangen nach immer mehr Süßem steigt. Auf Dauer ist das nicht gesund.

Ich rate meinen Patienten, sich eine klar festgelegte Menge an Süßigkeiten pro Tag zu gönnen. Viele arbeiten dann mit einer „Süßbox": War die Süßigkeitenmenge unbewusst bei etwa 500 Kalorien pro Tag (das entspricht einem Stück Kuchen und zwei kleinen Schokoriegeln), dann reduzieren Sie die „Süßbox" auf bewusste 300 Kalorien pro Tag. So sparen Sie fast die Hälfte an Energie ein und müssen keinen absoluten Verzicht üben! Zumindest ein kleines Stück Geburtstagskuchen mit den Kollegen ist dann sogar jeden Tag locker drin. Mehr gibt es dann aber auch nicht. Auf diese Art und Weise erleben Sie kein Deichbruchphänomen – dogmatische Regeln wie „Ich werde nie wieder

Wenn Sie gerne Süßes naschen, legen Sie sich am besten eine „Süßbox" zu, damit haben Sie Ihre tägliche Ration gut im Blick.

Zucker essen!" führen dazu: Nach zwei Wochen Zucker- und Süßigkeitenverzicht bricht Ihre Standhaftigkeit plötzlich in sich zusammen, Sie können nicht mehr widerstehen und futtern unbewusst und ungehemmt Süßigkeiten en masse. Also lieber eine klare Tagesration offensiv in die Schreibtischschublade legen und bei Bedarf mit einem Kaffee oder Tee bewusst genießen und sich dabei eine kleine Auszeit von fünf Minuten nehmen. Dann haben Sie auch wieder die Kraft für weitere Arbeitsstunden. Auch dazu lesen Sie später noch etwas.

Diese Tagesration Gummibärchen hat 250 Kalorien . . .

. . . und diese Tagesration Kekse 265.

Problem 4: Abends keine Zeit und Lust auf Kochen

Tütenfraß macht nicht nur uns, sondern auch unsere Kinder dick.

Ich kann vollkommen verstehen, dass Sie am Abend nach zehn Stunden außer Haus nicht noch Lust haben, ein Dreigängemenü zu kochen. Deshalb habe ich ja dieses Buch geschrieben. Doch Fertigessen aus der Plastik- oder Aluverpackung oder Tütenfraß mit vielen Zusatzstoffen macht Sie und Ihre Kinder krank. Die Folgen von schnellem und ungesundem Essen sehe ich täglich in der Ernährungsberatung. Vor allem unsere Kinder werden immer früher immer kränker und dicker. 30 Prozent der Patienten haben Magen-Darm-Probleme und Autoimmunerkrankungen. Dabei klappt es definitiv, ein Gericht in 15 bis 20 Minuten zu kochen! Wir haben im Buch viele Rezepte, die Ihnen das beweisen werden. Praktische Wocheneinkaufspläne mit Einkaufszettel und Vorschlägen für die gesamte Arbeitswoche warten auf Sie.

Die Lösung: Organisieren Sie Ihr Jobfood ganz bewusst

Seit 20 Jahren bin ich in der Ernährungsberatung tätig und sehe immer wieder, dass Menschen, die in die Routine des Arbeitsalltags einsteigen, kontinuierlich zunehmen und sich oft müde und schlapp fühlen.

Gut essen im Job kann man genauso organisieren wie die täglichen Aufgaben auf dem Schreibtisch!

Dabei ist es gar nicht so schwer, sich auch als Berufstätiger gut zu ernähren: Bei der Arbeit habe ich einen klaren Arbeitsablauf, darauf sollte ich meine Ernährung einstellen und einen passenden Ernährungsablauf organisieren. Meist klappt nur die eine Hälfte – die Organisation der Arbeit – super, aber das Essen leidet darunter. Das geht sicher einige Jahre gut, aber irgendwann tritt ein psychisches und physisches Unwohlsein auf. Das können der wachsende Hüftumfang, der hohe Blutdruck oder auch Schlafstörungen sein. Es lohnt sich also, gegenzusteuern!

Dabei muss die Ernährung von Mensch zu Mensch unterschiedlich betrachtet werden. Vielleicht sind Sie Schichtarbeiter an der Maschine, Mutter von zwei Kindern in Teilzeitarbeit an der Supermarktkasse oder Sie haben einen klassischen Bürojob, sind Manager oder Zimmermann auf dem Dach. Hinzu kommt, dass jeder unterschiedliche Vorlieben beim Essen und unterschiedliche Bedürfnisse und Ansprüche hat.

Deshalb möchte ich Ihnen einen Leitfaden für Ihre individuelle Essensplanung geben – der Ihnen schmeckt und Sie fit hält. Durch meine regelmäßigen etwa 20 Beratungen pro Woche mit Menschen aus unterschiedlichen beruflichen Richtungen habe ich sicher einige sehr gute Impulse für Sie.

Organisieren Sie Ihr Jobfood so, wie Sie auch Ihre Arbeit organisieren!

Mehr Power durch gesunde Ernährung

Benutzen Sie die Informationen dieses Kapitels als Wegweiser in eine gesündere Ernährungsweise!

Bevor wir tiefer ins Thema Jobfood einsteigen, klären wir erst einmal, wie eine gesunde Ernährung überhaupt aussieht. Denn Sie ahnen es schon: Wer fit sein möchte – egal ob im Beruf, im Alltag oder in der Freizeit –, muss sich auch entsprechend ernähren. Benutzen Sie die Informationen dieses Kapitels als Wegweiser in eine gesündere Ernährungsweise. Lassen Sie sich dazu anregen, Ihre Ernährung einmal unter die Lupe zu nehmen. Wie gesund, vielseitig und vollwertig ernähren Sie sich? Zuhause und in Ihrem Berufsalltag? Informieren Sie sich darüber, wie sich die einzelnen Nährstoffe, Vitamine, Mineralien und Antioxidantien auf Gesundheit, Gewicht und Wohlbefinden auswirken. Nutzen Sie die vielen praktischen Tipps und Hinweise zur Optimierung Ihres Speiseplans, im Interesse Ihrer Gesundheit. Im Anschluss an dieses Kapitel zeige ich Ihnen anhand von Einkaufskörben, wie Sie das praktisch umsetzen können.

Wir essen von einigen Nahrungsinhaltsstoffen zu viel, von anderen zu wenig und insgesamt ernähren wir uns im Schnitt zu kalorienreich. Die Folgen dieser Fehlernährung sind nicht nur Krankheiten, sondern auch Übergewicht und allgemeines Unwohlsein. Um gegensteuern zu können, müssen Sie zunächst den Energiegehalt der einzelnen Nährstoffe kennen:

1 g Kohlenhydrate: 4 Kalorien
1 g Eiweiß: 4 Kalorien
1 g Fett: 9 Kalorien

Kohlenhydrate – Energie für den Körper und fürs Gehirn

Von der Gesamtenergie des Tages sollten Sie etwa 40 bis 45 Prozent in Form von Kohlenhydraten aufnehmen. Je nach Anzahl der unterschiedlichen Zuckermoleküle werden Kohlenhydrate in Einfach-, Zweifach- oder Mehrfachzucker eingeteilt. Sie werden vom Körper unterschiedlich schnell aufgenommen und erhöhen somit in unterschiedlichem Maße die Blutzuckerwerte. Einfach- (Trauben- und Fruchtzucker) und Zweifachzucker (Haushaltszucker) lassen – im Unterschied zu Mehrfachzuckern – den Blutzuckerspiegel besonders schnell ansteigen. Deshalb sollten Sie zuckerreiche Lebensmittel reduzieren. Dafür heißt es bei jenen kohlenhydrathaltigen Lebensmitteln zuzugreifen, die den Blutzuckerspiegel langsam ansteigen lassen. Besonders empfehlenswert sind Vollkornprodukte, Hülsenfrüchte und Kartoffeln, weil sie stark sättigen und reich an Vitaminen, Mineral- und Ballaststoffen sind.

Von der Gesamtenergie des Tages sollten Sie etwa 40 bis 45 Prozent in Form von Kohlenhydraten aufnehmen.

Auswahl von Lebensmitteln mit guten und ungünstigen Kohlenhydraten

GUTE KOHLENHYDRATE	UNGÜNSTIGE KOHLENHYDRATE
Vollkornbrot	Weißbrot, Brötchen
Vollkornnudeln	Nudeln
Basmatireis mit Gemüse	heller Reis
Haferflocken	Cornflakes
Kartoffeln	Fast Food
Linsen, Kidneybohnen	Süßigkeiten
Nüsse	Kuchen, Plätzchen, Kekse, Schokolade
geschrotete Leinsamen	Weißmehl
Obst und Gemüse	Haushaltszucker, gezuckerte Getränke

Ballaststoffe sind wichtig für unsere Darmbakterien. Sie kommen ausschließlich in pflanzlichen Lebensmitteln vor. Ballaststoffe bringen den Darm auf Trab, verbessern den Glukosestoffwechsel und sorgen für ein erhöhtes Sättigungsgefühl nach dem Essen – das hilft beim Abnehmen! Hinzu kommt, dass sie den Blutzucker nur langsam ansteigen lassen und bei der Senkung des Blutcholesterinspiegels hilfreich sein können. Ballaststoffreiche Lebensmittel sind Getreideprodukte, Obst, Gemüse, Hülsenfrüchte und Ballaststoffkonzentrate wie Weizenkleie, Haferkleie, geschrotete Leinsamen oder auch Plantago-ovata-Samenschalen (bekannt als Indische Flohsamen). Greifen Sie deshalb bei all diesen Produkten gerne zu – am besten in Kombination mit Milchprodukten und Fett. Pro Tag sollten Sie mit der Nahrung mindestens 30 bis 40 Gramm Ballaststoffe aufnehmen. In der folgenden Tabelle finden Sie besonders ballaststoffreiche Lebensmittel.

Ballaststoffreiche Lebensmittel

LEBENSMITTEL	BALLASTSTOFFE (ENTHALTEN IN 100 g)
weiße Bohnen (Trockenware)	17,0 g
Erbsen (Trockenware)	16,5 g
Knäckebrot (kann angereichert sein)	13,0–24,0 g
Mandeln	14,0 g
Roggenvollkornmehl (Type 1806)	13,5 g
Weizenvollkornmehl (Type 1700)	12,9 g
Weizenflocken	11,0 g
Gerstenflocken	11,0 g
Haferflocken	11,0 g
Artischocke	10,8 g
Kichererbsen	9,5 g
Erdnüsse	8,0 g
Roggenvollkornbrot	6,5–9,0 g
Trockenobst	5,0–13,0 g
Mehrkornbrot	5,5–9,0 g

Eiweiß – wichtiger Baustoff für unsere Zellen

Eiweiß sättigt gut und nachhaltig, das ist nützlich, wenn Sie abnehmen möchten. Außerdem ist Eiweiß wichtig für die Produktion von Hormonen, Botenstoffen, Enzymen und den Aufbau von Körpergewebe. 20 bis 25 Prozent Ihrer Gesamtenergie sollten Sie täglich aus Eiweiß beziehen, wenn bei Ihnen keine Anzeichen auf eine Schädigung der Nieren vorliegen. Menschen mit Nierenerkrankungen sollten die für sie geeignete Eiweißmenge mit ihrem Arzt besprechen.

20 bis 25 Prozent Ihrer Gesamtenergie sollten Sie täglich aus Eiweiß beziehen.

Doch Proteine sind nicht gleich Proteine! Die Qualität des Eiweißes in der Nahrung, die als biologische Wertigkeit bezeichnet wird, ist entscheidend. Sie gibt an, wie viel Gramm Körperprotein aus 100 Gramm Nahrungsprotein gewonnen werden kann. Dabei gilt: Je höher die biologische Wertigkeit eines Nahrungsproteins ist, umso geringer ist die benötigte Proteinmenge. Dabei spielt die Zusammensetzung der Aminosäuren, aber auch die Verdaulichkeit der Nahrungsproteine eine wichtige Rolle.

In der Regel haben tierische Proteine eine höhere biologische Wertigkeit als pflanzliche. Jedoch können sich Nahrungsproteine in ihrer biologischen Wertigkeit ergänzen, d. h. zwei einzeln betrachtete Nahrungsproteine mit jeweils geringer biologischen Wertigkeit ergeben, wenn man sie zusammen verzehrt, eine höhere biologische Wertigkeit. Gute Beispiele dafür sind Getreideerzeugnisse mit einem Milchprodukt, Kartoffeln mit Ei oder Hülsenfrüchte mit Getreideerzeugnissen. Für Ihre tägliche Ernährung heißt das: Auch pflanzliche Proteine aus Kartoffeln, Hülsenfrüchten und Nüssen in Kombination mit tierischen Proteinen sorgen für eine gute Proteinversorgung Ihres Körpers. Ebenso reine pflanzliche Kombinationen wie Kidneybohnen mit Reis, Soja mit Kartoffeln oder Haferflocken mit Sojamilch und Nüssen.

Der Mensch besteht zu 15 bis 17 Prozent aus Proteinen.

Die folgende Tabelle hilft Ihnen dabei, Ihre tägliche Eiweißaufnahme besser zu planen:

Hier finden Sie Lebensmittel oder Kombinationen von Lebensmitteln, die in den angegebenen Mengen jeweils circa 10 Gramm Eiweiß enthalten:

150 g Naturjoghurt + 1 EL Cornflakes + 4 EL Haferflocken + 100 g Obst
2 Scheiben Roggenbrot + 1 geh. EL Quark + etwas Schnittlauch
2 Scheiben Roggenbrot + 1 geh. EL Quark + 1 TL Marmelade
2 Scheiben Weizenmischbrot + 20 g Edamer + Radieschen
90 g Reis natur (Trockengewicht) + halbes Ei + 100 g Kopfsalat
60 g Hirse (Trockengewicht) + 200 g Zucchini
40 g Hartweizennudeln + 100 g Tomaten + 2 EL Parmesan
35 g Linsen + 30 g Teigwaren (jeweils Trockengewicht)
50 g Fleisch
50 g Geflügel
50 g Wild
50 g Fisch

Eiweißreiche Lebensmittel sind Fisch, mageres Fleisch inklusive Schinken, Eier, fettarme Milchprodukte, vor allem Quark und Käse, Hülsenfrüchte wie Linsen, Erbsen, Bohnen sowie Soja, Nüsse, Erdnüsse, Cashewnüsse und Mandeln.

Fett – Energiereserve und Schutz für unseren Körper

Fett war lange Zeit verpönt, heute wissen wir aber: Fett ist ein wichtiger Nährstoff, denn es enthält lebensnotwendige Fettsäuren, die unser Körper braucht, um beispielsweise Hormone oder Zellwände aufzubauen. Fett versorgt uns auch mit den fettlöslichen Vitaminen A, D, E und K. Außerdem schützt Fett unsere Organe wie ein Polster vor Verletzungen. Nebenbei schmeckt Fett sehr gut, denn es ist ein wichtiger Träger von Aroma- und Geschmacksstoffen. (Fett sättigt auch sehr gut, in erster Linie im Magen, und nach der Verdauung haben wir auch weniger Hunger – man fand heraus, dass der menschliche Körper über Sensoren zum Beispiel in der Leber verfügt, die die Verstoffwechselung von Fettsäuren registrieren. Das signalisiert dem Gehirn verfügbare Energie, woraufhin die Nahrungszufuhr reduziert wird.)

Soweit die gute Nachricht. Wenn Sie jedoch übergewichtig sind, sollten Sie versuchen, weniger Fett zu sich zu nehmen. Denn ein Gramm Fett enthält doppelt so viele Kalorien wie Kohlenhydrate und Eiweiß. Grundsätzlich sollte Fett 30 bis maximal 40 Prozent der Gesamtkalorien ausmachen und Sie sollten Fette pflanzlichen Ursprungs bevorzugen.

Grundsätzlich sollte Fett 30 bis maximal 40 Prozent der Gesamtkalorien ausmachen.

Die allgemeine Empfehlung der Deutschen Gesellschaft für Ernährung für die Zusammensetzung der Gesamtfettmenge lautet:

- 10 Prozent aus gesättigten Fettsäuren (hauptsächlich in tierischen Fetten wie Fleisch, Milch und Milchprodukten, aber auch in pflanzlichen Fetten wie Kokosfett)
- 7–10 Prozent aus mehrfach ungesättigten Fettsäuren (z. B. in Walnuss- und Kürbiskernöl)
- 10–13 Prozent aus einfach ungesättigten Fettsäuren (z. B. in Oliven- oder Rapsöl)

10 g hochwertige Fettsäuren stecken in

1 EL Rapsöl	zum Braten in der Pfanne
2 EL Leinsamen	zum Müsli
1 EL Olivenöl	zum Salat, zu Antipasti
2 EL Walnüsse	über den Salat, zum Knabbern

Unsere täglichen Speisen sollten nicht mehr als 70 bis 80 Gramm Fett enthalten. Diese Gesamtmenge ist je nach Essgewohnheiten schnell erreicht. Bei vielen Menschen liegt die tägliche Zufuhr bei 140 Gramm Fett pro Tag. Ungefähr 80 Gramm Fett am Tag erreichen Sie, wenn Sie Folgendes essen:

- 2 Esslöffel Pflanzenöl +
- 1 Esslöffel Streichfett (Butter oder Margarine) +
- 150 g mageres Fleisch oder 200 g Fisch +
- 1 Scheibe Käse +
- 1 Scheibe magerer Schinken/Wurst +
- 1 Becher Naturjoghurt, 3,8 % Fett (150 g) +
- 1 große Tasse Milch, 3,8 % Fett (250 ml) +
- 1 Ei, gekocht oder pochiert (60 g)

Ideale Fettquellen sind pflanzliche Öle, vor allem Walnuss-, Raps-, Lein-, Kürbis-, Olivenöl sowie Nüsse und Samen. Sauermilchprodukte wie Quark, Joghurt, Buttermilch und Kefir in voller Fettstufe (nicht mager) sind sehr sättigend, gute Proteinlieferanten und super für unsere Darmflora – sie sollten in einem Umfang von ca. 200 g Joghurt, Kefir oder Quark und 1 Scheibe Käse (vollfett) pro Tag gegessen werden. Milch nur in kleinen Mengen, z. B. im Kaffee und nicht als Getränk oder Zwischenmahlzeit.

Während gesättigte Fettsäuren die Insulinresistenz fördern, wirken sich einfach ungesättigte Fettsäuren sowie Omega-3-Fettsäuren positiv auf die Gesundheit aus – und auch auf die Gehirnleistung!

Unter „Insulinresistenz“ versteht man übrigens eine ständig größer werdende Unempfindlichkeit auf das Stoffwechselhormon Insulin. Die Körperzellen sprechen schlechter darauf an und öffnen sich weniger für die Zuckeraufnahme. Der Transport des Zuckers aus dem Blut in die verschiedenen Zellen des Körpers geht langsamer. Mit anderen Worten: Für die gleiche Wirkung benötigt der Körper mehr Insulin. Legt man dann noch an Gewicht zu und achtet nicht auf die Einnahme gesunder Fette, nimmt auch die Insulinresistenz zu. Oft entsteht als Folge davon ein Diabetes Typ 2.

Alkohol – weniger ist mehr

Wenn Sie dreimal in der Woche ein wenig Alkohol trinken – etwa 125 Milliliter Wein oder 300 Milliliter Bier –, ist dies sicher unbedenklich. Bei regelmäßigem hohem Konsum nehmen Sie durch den Alkohol jedoch viele flüssige Kalorien auf, was wiederum zu Übergewicht führen kann.

Wie viel wovon?

Abwechslung ist der Grundstein für eine gesunde Ernährung!

Gemüse in Hülle und Fülle: Essen Sie Gemüse nach Saison und reichlich. So nehmen Sie viele Ballaststoffe, Vitamine, Mineralstoffe und sekundäre Pflanzenstoffe auf. Gemüsesticks während der Arbeit sind natürlich die beste Variante – der Blutzuckerspiegel bleibt unten und der Hunger wird gestillt. Aber keine Sorge, Sie müssen nicht zum Kaninchen mutieren – ab und an gönnen Sie sich vielleicht eine leckere Alternative.

Hülsenfrüchte: Sie sind zwar kalorienreicher als Gemüse, enthalten dafür jedoch mehr Eiweiß und Ballaststoffe. Ein Salat mit Kichererbsen oder Kidneybohnen liefert Ihnen wichtige Inhaltsstoffe für den weiteren Arbeitstag und sättigt gut.

Obst: Genießen Sie Obst nach Saison, vermeiden Sie Obstkonserven und Trockenobst, denn da steckt konzentriert Zucker drin. Wir haben zwar früher gelernt, dass Obst eine ideale Zwischenmahlzeit ist. Aber das kann ich so nicht unterstreichen, denn im Arbeitsalltag benötigen wir keinen Zucker in Massen, sondern hochwertige Proteine in Form von Nüssen, Hülsenfrüchten und einer kleinen Portion Quark oder Naturjoghurt. Kombinieren Sie also besser ein Drittel Obst mit zwei Dritteln Quark oder Joghurt oder wählen Sie nur Nüsse als Zwischenmahlzeit.

Nüsse: Viele haben bei Nüssen vor zu viel Fett Angst. Es kommt aber immer auf die Gesamtkalorienmenge an: Wenn Sie 250 Gramm Fruchtjoghurt essen, ziehen Sie sich rund elf Zuckerwürfel rein, der Blutzucker steigt in die Höhe und flacht sehr schnell wieder ab. Deshalb kommt auch der Hunger wieder schnell zurück. 50 Gramm Walnüsse dagegen haben etwa genauso viele Kalorien, aber sie stärken Ihre Gehirnleistung und sättigen sehr gut.

Milch und Milchprodukte: Setzen Sie auf Naturmilchprodukte wie Naturjoghurt, Buttermilch und Kefir in Bio-Qualität. Vermeiden Sie Fruchtjoghurt. In einem Fruchtjoghurt mit 150 Gramm stecken rund sieben Zuckerwürfel, das sind ungefähr 20 Gramm Zucker! Auch die Diät- und Lightvarianten sind oft voller Zusatzstoffe und deshalb nicht empfehlenswert. Käse aller Art bis 45 % Fett i. Tr. oder auch Frischkäse, Feta, Mozzarella sollten in den Einkaufkorb. Milch ist kein Getränk, sondern als Lebensmittel zu betrachten – fürs Müsli oder den Kaffee sind geringe Mengen täglich kein Problem. Verwenden Sie ruhig die volle Fettstufe, aber behalten Sie die Gesamtmenge im Blick. Bei drei großen Tassen Kaffee im Büro mit Milch kommen schnell 500 Milliliter zusammen.

Fleisch, Fisch, Geflügel und Eier: Fleisch und Geflügel zwei- bis dreimal pro Woche, aber bitte aus vernünftiger Tierhaltung. Beim Fisch darf es auch gern mal was Regionales, z. B. Forelle oder Karpfen sein. Fette Seefische wie Hering, Lachs oder Sardine enthalten wichtige Omega-3-Fettsäuren für gesunde Arterien und eine gute Konzentration im Berufsalltag, deshalb sollten die Fische zweimal pro Woche auf den Tisch. Auch Vitamin D ist in Fischen enthalten und unterstützt den Einbau von Kalzium in die Knochen. Jeden zweiten Tag ein oder zwei Eier sind in Ordnung, weil sie hochwertiges Eiweiß enthalten, wie tierische Produkte im Allgemeinen.

Deshalb ist aber gleichzeitig maßhalten angesagt! Wurst schmeckt zwar lecker, ist aber ein Genussmittel, und kein essenzielles Lebensmittel. Wurst hat allgemein im Vergleich zum Fleisch eine hohe Energiedichte und enthält zusätzlich noch viel Salz und Zusatzstoffe wie Geschmacksverstärker, Aromastoffe und Konservierungsstoffe. Zum Vergleich: 200 g Rindergulasch haben rund 380 Kalorien, dagegen 1 Becher mit 200 g Fleischsalat (in der Regel mit Fleischwurst, Lyoner ...) etwa 620 Kalorien + der hohe Salzgehalt und die Zusatzstoffe!

Speisefett: Verwenden Sie als Streichbelag Butter oder Frischkäse, und das sparsam. Die angeblich so gesundheitsbringende Margarine ist aus meiner Sicht ein aufgeblasenes Werbemärchen und im Unterschied zum Naturprodukt Butter ein sehr stark bearbeitetes Lebensmittel. Versuchen Sie, beim Öl abzuwechseln, z. B. zwischen Raps-, Oliven-, Walnuss- und Kürbiskernöl. Vor allem native, also kaltgepresste Sorten bilden eine sehr gute Prophylaxe bei Herz-Kreislauf-Erkrankungen. Auch hier stecken viele wichtige Fettsäuren und Vitamine, um einer Abgeschlagenheit im Berufsalltag gegenzusteuern.

Getreideprodukte und Backwaren: Am besten für unsere Gesundheit sind nieder ausgemahlene Dinkelbackwaren, denn sie enthalten alle wichtigen Nährstoffe. Vollkornprodukte aller Art sollten Sie bevorzugen. Versuchen Sie einmal Brote aus Emmer, Einkorn und Kamut. Sie enthalten, wie alle Vollkornbrote, vor allem Ballaststoffe und energiespendende komplexe Kohlenhydrate. Fragen Sie beim Bäcker nach, ob auch mindestens 70 bis 80 Prozent volles Korn im Brotteig enthalten sind – oft gibt es Brote, die mit Malzextrakt dunkel gefärbt werden, das sind keine Vollkornprodukte und Ihr Blutzuckerspiegel steigt nach dem Essen stärker an.

Kuchen, süße Gebäcke, Kekse und Weißbrot sollten Sie sich fürs Wochenende oder Feste reservieren.

Getreideflocken aus Hafer und Dinkel sind in der Kombination mit Milchprodukten ideal. Cornflakes und Honig- bzw. Schokoflocken sind kein Müsli, sondern Süßigkeiten, und erhöhen schon beim Frühstück massiv den Blutzuckerspiegel: Spätestens um 10 Uhr sitzen Sie am Schreibtisch und haben wieder Hunger!

Neues aus der Ernährungswissenschaft

2016 erschien eine neue Analyse aus der bereits im Jahre 1991 initiierten „Women's Health Initiative"-Langzeitbeobachtungsstudie. Bei über 88.000 Frauen hatte man Ernährungsgewohnheiten vier Ernährungsformen zugeteilt: Low-Fat oder Low-Carb, eher traditionell mediterran oder eher „offiziell gesund" (entsprechend US-Ernährungsrichtlinien). Darauf bezogen hatten die Wissenschaftler das Risiko für eine Gewichtszunahme über den Zeitraum von acht Jahren herausgearbeitet. Und siehe da – diejenigen, die sich besonders stark Low-Fat ernährten, hatten ein signifikant erhöhtes Risiko für eine Gewichtszunahme! Wer sich hingegen am deutlichsten kohlenhydratreduziert und fettreich ernährte, hatte ein signifikant gesenktes Risiko. Als zweitbestes schnitt die mediterrane Ernährung ab. Nur Dritter wurde die „offiziell" präventive Ernährung.

Fett ist nicht grundsätzlich schlecht. Wie so oft ist es die Menge an Nahrungsfett, die uns dick macht. Sind Fett und Kohlenhydrate in ausreichenden Mengen vorhanden, greift der Körper für die Energiegewinnung zunächst auf die Kohlenhydrate zurück. Das Fett wird gespeichert. Bei einer kohlenhydratreduzierten Ernährung (siehe Seite 17) werden hingegen direkt die Fettpolster angegriffen, um aus ihnen die nötige Energie zu gewinnen. Der Schlüssel liegt somit in einer leichten Reduzierung der Kohlenhydrate.

Wenn wir morgens mit Brot und süßem Belag starten und in der ersten Pause einen Smoothie aus drei Obststücken trinken, haben wir um die Mittagszeit wieder großen Hunger. Unser Blutzuckerspiegel und somit auch der Insulinspiegel kommen nicht zur Ruhe und durch die schwankenden Spiegel haben wir immer wieder Hunger und obendrauf noch eine schlechte Fettverbrennung.

Mein Tipp: Reduzieren Sie die Getreideprodukte und Teigwaren und erhöhen Sie den Anteil an Gemüse und Hülsenfrüchten. Mittlerweile wird weltweit eine proteinreichere Nährwertrelation empfohlen – diese Empfehlungen setze ich bei meinen Patienten praktisch um und die Ergebnisse sind wirklich hervorragend. Nicht nur in puncto Gewichtsreduktion, sondern auch bei Sportlern und Figuroptimierern. Sämtliche Blutparameter verbessern sich: Langzeitzucker, Leberwerte, HDL, LDL, Triglyzeride und auch die Harnsäure. Vor allem wird durch die Aminosäuren der Hunger reduziert, weil die Sättigungshormone aktiver getriggert werden.

Warum Aminosäuren besser sättigen als Glukose

Wenn Sie wissen, was in Ihrem Körper bei der Aufnahme von Eiweißen und Kohlenhydraten passiert, verstehen Sie, warum ich meinen Patienten eine proteinreiche Kost empfehle.

Glukose:

- Die durch Kohlenhydrate ausgelösten Sättigungsreize scheinen dosisabhängig bzw. nur sehr kurzfristig zu sein.
- Kohlenhydratreiche Mahlzeiten, die den Magen rasch verlassen und in Form von Glukose schnell vom Darm ins Blut aufgenommen werden, führen zu einer hohen und schnellen Insulinausschüttung.
- Daraufhin sinkt die Glukosemenge im Blut ebenso schnell, was in ein erneutes Hungergefühl mündet.

Aminosäuren:

- Sie führen neben der Freisetzung von Insulin auch zur Ausschüttung von Cholecystokinin, einem weiteren sehr potenten Sättigungshormon.
- Die Aminosäure Leucin ist sogar in der Lage, direkt im Gehirn einen Sättigungsreiz auszulösen. Eiweißreiche Mahlzeiten sättigen sehr gut!

Was für wen? Die unterschiedlichen Berufsgruppen

In meiner Praxis betreue ich Menschen aller Berufsgruppen: Vom Autoverkäufer bis zum Zimmermann ist alles dabei. Ich stelle Ihnen die wichtigsten Typen und ihre Eigenheiten sowie meine Verbesserungsvorschläge vor.

Der Vielsitzer

Vielsitzer benötigen logischerweise weniger Kalorien pro Tag.

Ein Vielsitzer benötigt aufgrund seiner reduzierten Bewegung in der Regel auch weniger Kalorien am Tag. Er sollte sich auf drei Mahlzeiten am Tag konzentrieren und regelmäßig trinken – etwa alle zwei Stunden mindestens 200 Milliliter Wasser, Tee und Kaffee ohne Zucker. Außerdem ist für den Vielsitzer Bewegung nach der Arbeit sehr wichtig – mindestens dreimal pro Woche 45 Minuten. Er hat aufgrund seiner sitzenden Tätigkeit oft viele orthopädische Dysbalancen. Eine Orientierung bietet Ihnen der Musterplan auf der nächsten Seite.

Zwischenmahlzeit: ja oder nein?

Bei schlanken Menschen mit einem schnellen Stoffwechsel sind Zwischenmahlzeiten kein Problem bzw. auch wichtig. Bei Menschen, die viel Sport treiben und schlank sind, wären Snacks zwischendurch auch kein Problem. Ich erlebe in meiner Praxis jedoch viele Patienten, die alle zwei bis drei Stunden essen und dann noch sehr zuckerreiche Speisen wie Obst, Smoothies oder Süßigkeiten. Dadurch entwickelt sich ein Auf und Ab des Blutzuckers und der Bürositzer mutiert zur Mastgans, weil die Energie nicht verbraucht wird und durch den ständig hohen Blutzuckerspiegel mit anschließendem Insulinanstieg die Fettverbrennung erlahmt. Deshalb sind für Menschen, die sich nicht viel bewegen und deren Hüften etwas breiter sind, Zwischenmahlzeiten nicht ideal. Wenn eine Zwischenmahlzeit, dann bitte etwas Proteinreiches, damit der Blutzuckerspiegel nicht stark ansteigt. (Siehe Kapitel „Neues aus der Ernährungswissenschaft")

Der ideale Musterplan für eine Vielsitzerin
1,68 m, 35 Jahre, 61 kg, treibt keinen Sport, sitzende Bürotätigkeit
Tagesbedarf: etwa 1800 kcal pro Tag

FRÜHSTÜCK, ETWA 400 KALORIEN
3 EL Haferflocken (50 g)
100–150 g Naturjoghurt, Sojajoghurt oder Speisequark
20 g Nüsse und 10 g Rosinen, Cranberrys oder Trockenobst
1 Frühstücksei
ZWISCHENMAHLZEIT, ETWA 300 KALORIEN
150 g Naturjoghurt, 3,8 % Fett
25 g Walnüsse
Gern Gemüse oder Rohkost
MITTAGESSEN, ETWA 600 KALORIEN
300 g Salzkartoffeln oder 135 g gekochte Nudeln (roh etwa 65 g) oder 150 g gekochten Reis (roh etwa 65 g)
250 g Gemüse
150 g Lachsfilet
10 g Rapsöl zum Braten bzw. für das Gemüse und Salat
ZWISCHENMAHLZEIT, ETWA 100 KALORIEN
1 kleine Banane oder ein kleiner Schokoriegel (18–25 g)
ABENDESSEN, ETWA 400 KALORIEN
1 Scheibe (50 g) Vollkornbrot
20 g Frischkäse
60 g Mozzarella, Feta oder Schnittkäse, 45 % Fett i. Tr.
300 g frisches Gemüse (am besten Rohkost oder mit dem Frischkäse dippen! Das Gemüse kann auch in etwas Brühe gedünstet werden – nach Belieben und Verträglichkeit)

Bei Vielfahrern wird das fehlende regelmäßige Trinken mit regelmäßigem und kohlenhydrathaltigem Essen ausgeglichen.

Der Vielfahrer

Er ist in meiner Praxis meist ein Lkw-Fahrer oder Vertriebler, also ein Mensch mit Terminstress. Die Bewegung ist wie beim Vielsitzer sehr eingeschränkt. Oft höre ich von meinen Patienten, dass sie wenig trinken, um nicht so oft auf die Toilette zu müssen. Es gibt sicher schönere stille Örtchen als Autobahnraststätten, aber regelmäßiges Trinken muss sein. Oft wird dann das fehlende regelmäßige Trinken mit regelmäßigem und kohlenhydrathaltigem Essen ausgeglichen. Die Gummibärchen, Schokoriegel oder Kekse im Handschuhfach bringen einen dauerhaft hohen Blutzuckerspiegel mit sich – die Hungerspirale dreht sich und die Hüfte wird immer runder. Deshalb ist eine Planung der Mahlzeiten wichtig. Hetzen Sie nicht von Termin zu Termin, bauen Sie sich regelmäßige Kurzpausen ein. Die moderne Technik mit Echtzeitnavigation lässt uns doch super planen.

Ich selbst bin auch in ganz Deutschland unterwegs und plane auf meinen Fahrten meine Esspausen ein. Auch hier gilt, sich auf drei Mahlzeiten am Tag zu konzentrieren und regelmäßig zu trinken – etwa alle zwei Stunden mindestens 200 Milliliter Wasser, Tee und Kaffee ohne Zucker. Nehmen Sie sich eine Vesperbox mit verschiedenen Fingerfood-Komponenten mit: Nüsse, hartgekochte Eier, etwas geschnittenes Gemüse, Obststücke, belegtes Brot mit Frischkäse oder etwas Wurst (auch gern Salami, Lyoner oder Schnittkäse – nur nicht übertreiben: etwa 35 Gramm sollten reichen!). Eine Bockwurst mit Brötchen oder ein Frikadellenbrötchen an der Tankstelle kosten nicht nur Unsummen, sie haben in der Regel auch so viele Kalorien wie eine ganze Tafel Schokolade.

Auf Seite 56 habe ich Ihnen schnelle und leistungsfördernde Mahlzeiten für unterwegs zusammengestellt – Pausensnacks für Herzhaft- und Süßesser sowie Snacks aus dem Supermarktregal.

Die Teilzeitarbeiterin

Teilzeitarbeit ist oft verbunden mit privaten Verpflichtungen. Man muss nach der Arbeit die Kinder von der Schule holen oder die Eltern bzw. Schwiegereltern pflegen. Mit den Kindern zum Sport fahren, nebenbei den Haushalt machen, etwas kochen und mit den Eltern oder Großeltern zum Arzt fahren. In meinem Praxisalltag sehe ich diese Frauen – es sind tatsächlich fast ausschließlich Frauen – den ganzen Tag eingespannt. Hier bleibt keine freie Minute für sich selbst mehr übrig. Die Kinder, die pflegebedürftigen Eltern oder Großeltern, der Haushalt und Ehepartner halten einen auf Trab. Das Kochen muss geplant werden, denn es müssen schnelle, leckere, kindertaugliche und unkomplizierte Gerichte auf den Tisch.

Teilzeitarbeiter benötigen schnelle, leckere, kindertaugliche und unkomplizierte Gerichte!

Der Wochenplan mit Einkaufsliste ab Seite 64 ist genau richtig für Teilzeitarbeiter. Probieren Sie es aus und planen Sie die nächsten Wochen nach dem gleichen Schema. Dann ist der große Brocken „Was koche ich den morgen?“ erledigt!

Der körperliche Arbeiter

Wer körperlich arbeitet, darf auch deftig, fettig und zuckerreich essen? So hört man es teilweise im Volksmund. Der Energieverbrauch und entsprechend der -bedarf sind verglichen mit dem Vielsitzer sicher höher, aber das zweite Frühstück mit zwei Croissants und am Mittag das Burgermenü mit Pommes und Cola ist auch beim Handwerker zu üppig. Außerdem sind das Lebensmittel, die mit viel Fett, Kohlenhydraten und wenig sekundären Pflanzenstoffen sowie Vitaminen und Mineralstoffen ausgestattet sind. Zwischendurch ein Burgermenü oder ein Frikadellenbrötchen sind sicher auch kein Problem – die Menge macht das Gift! Dachdecker, Maurer, Straßenbauer oder Zimmermänner sind oft starken Umwelteinflüssen ausgesetzt, wie Kälte, Feuchtigkeit und Staub. Gerade Menschen, die körperlich so anstrengend arbeiten, brauchen ausreichend Nährstoffe, damit der Körper regenerieren kann. Für sie ist der Musterplan auf der nächsten Seite genau das richtige. Mittagessen und Abendessen kann man natürlich gern auch tauschen.

Gerade Menschen, die körperlich so anstrengend arbeiten, brauchen ausreichend Nährstoffe.

Der ideale Musterplan für einen körperlich arbeitenden Mann
1,81 m, 29 Jahre, 75 kg, Zimmermann, spielt im Verein Fußball
Tagesbedarf: etwa 3100 kcal pro Tag

FRÜHSTÜCK, ETWA 700 KALORIEN
4 EL Haferflocken (65 g)
200 g Naturjoghurt, Sojajoghurt oder Speisequark
50 g Nüsse und 20 g Rosinen, Cranberrys oder Trockenobst
2 Frühstückseier
ZWISCHENMAHLZEIT, ETWA 400 KALORIEN
200 g Naturjoghurt, 3,8 % Fett
50 g Walnüsse
Gern Gemüse oder Rohkost
MITTAGESSEN, ETWA 900 KALORIEN
500 g Salzkartoffeln oder 220 g gekochte Nudeln oder 250 g gekochten Reis (ca. 110 g Nudeln und Reis Trockengewicht – das Trockengewicht bezieht sich übrigens auf alle Getreidesorten: Grieß, Bulgur, Milchreis, Buchweizen, Maisgrieß, etc.)
250 g Gemüse
250 g Lachsfilet
20 g Rapsöl zum Braten bzw. für Gemüse und Salat
ZWISCHENMAHLZEIT, ETWA 400 KALORIEN
1 großes Stück Obst und 1 Stück Kuchen
ABENDESSEN, ETWA 700 KALORIEN
1 Brötchen (70–85 g)
50 g Frischkäse
125 g Mozzarella, Feta oder Schnittkäse, 45 % Fett i. Tr.
300 g frisches Gemüse (am besten Rohkost oder mit dem Frischkäse dippen! Das Gemüse kann auch in etwas Brühe gedünstet werden – nach Belieben und Verträglichkeit)
20 g Rapsöl für das Gemüse und Salat

Der Nachtarbeiter

Auf diese Berufsgruppe muss ich detaillierter eingehen, denn Schichtarbeit durchbricht den angeborenen 24-Stunden-Rhythmus und Nachtschichten stellen ihn komplett auf den Kopf. Das ist trainierbar, jedoch nicht zu durchbrechen. Wer in Nachtschichten arbeitet, hat eine stark veränderte hormonelle Situation: Nachtarbeit führt hormonell bedingt zu einer katabolen (substanzabbauenden) Stoffwechsellage. Hormone, die für einen guten Schlaf und die Regeneration des Körpers verantwortlich sind, sind reduziert. Essen im Allgemeinen, aber auch Süßigkeiten und Alkohol werden nachts schlechter verwertet, denn nachts reduzieren sich die Leber- und Verdauungsaktivität und die Herz-Kreislaufleistung. Deshalb haben Nachtarbeiter mehr Probleme mit Übergewicht und seinen Folgeerkrankungen wie Diabetes Typ 2, Bluthochdruck und schlechte Blutfette. Die üblichen Diät- und Ernährungsempfehlungen sind teilweise katastrophal für den Stoffwechsel und die Gesundheit!

Wer in Nachtschichten arbeitet, hat eine stark veränderte hormonelle Situation und muss ganz besonders auf die richtige Ernährung achten!

Der Körper bildet das Schlafhormon Melatonin auch bei Raumlicht in der Nacht, weil er sich am Tageslicht orientiert – der Mensch wird müde mit einer Tiefspitze um etwa 2.30 Uhr, die Konzentration reduziert sich und es treten mehr Fehler auf. Ab 4 Uhr morgens steigen die Taghormone wieder an – der Mensch kommt nach Hause und ist aufgrund des Tageslichts wacher und kann schlecht einschlafen. Das sollten Sie nicht noch durch Ihre Ernährung fördern. Wenn Sie meine folgenden Tipps beachten, tun Sie schon sehr viel für Ihre Gesundheit und für Ihre Leistungsfähigkeit:

- Ein Schichtarbeiter sollte mindestens 2 Liter Wasser und ungesüßte Teesorten pro Tag trinken. Kaffee in Maßen ist unproblematisch. Das Koffein im Kaffee wirkt schnell aufmunternd, bei Schwarz- und Grüntee tritt die Wirkung später ein und hält länger an. Vier Stunden vor dem Schlafengehen sollten Sie keinen Kaffee mehr trinken, denn das könnte Ihnen den Schlaf rauben. Trinken Sie nur maximal 500 Milliliter Saft, Softgetränke (Cola, Fanta, etc.) und Milchmixgetränke pro Tag.

- Bitte machen Sie keine absoluten Kohlenhydratreduktionsdiäten (ketogene Ernährung, No-Carb-Diäten), denn sie verringern massiv die Konzentrations- und Leistungsfähigkeit! Reduzieren Sie vor allem in der Nachtschicht fettreiche Fleisch- und Wurstwaren, denn sie liegen schwer im Magen. Bevorzugen Sie magere Varianten wie Geflügelprodukte in der Nachtschicht. Verzichten Sie generell auf fettreiche Speisen wie Pommes, Burger, Currywurst – sie fördern die Ermüdung.
- Essen Sie regelmäßig Gemüse und Salate: Mindestens 300 Gramm Gemüse pro Tag in gekochter oder roher Form. Etwas gedünstetes Tiefkühlgemüse in der Plastikbox oder Möhren, Kohlrabi, Pastinake, Gurke, Paprika, etc. in Streifen geschnitten. Die meisten Blattsalate (besonders Kopfsalat) enthalten wenig gesundheitsfördernde Inhaltsstoffe! Feldsalat und Chicorée dagegen sind nährstoffreiche Blattsalate.
- Als Zwischenmahlzeit sind Milchprodukte ideal. Sie beugen Ermüdung vor, stimulieren Adrenalin und das zentrale Nervensystem. Zwei Stücke Obst (etwa 250 g) am Tag sind ausreichend – verzehren Sie lieber mehr Saisongemüse!

Ernährungsplan für einen Nachtschichtarbeiter

Die Mengenangaben der Lebensmittel variieren individuell von Mensch zu Mensch und sind in diesem Buch nur allgemein berechnet. Körperliche Aktivität ist nicht berücksichtigt. Männer dürfen je nach Größe, Alter und Aktivität einen Zuschlag von etwa 25 Prozent einplanen. Für einen genauen Plan, der auf Sie zugeschnitten ist, sollten Sie eine individuelle Ernährungsberatung durchführen lassen. Via QR-Code finden Sie zusätzliche Pläne für die Früh- und Spätschicht.

https://sven-bach.de/mediathek/downloads

FRÜHSTÜCK 11.30–13.30 UHR
300 ml Mineralwasser oder Tee ohne Zucker
250 ml Kaffee, Schwarz- und Grüntee mit Milch, ohne Zucker
Variante 1: *70*–90 g Vollkornbrot oder -brötchen, maximal 10 g Butter, 20 g Süßes (Honig oder Marmelade) oder 35–40 g Käse oder Wurst
Variante 2: 60 g Müslimischung (Getreideflocken), 100–150 g Milchprodukte (Naturjoghurt, Milch), 100 g Obst oder 10 g Süßes (Honig, Marmelade)
ZWISCHENMAHLZEIT 15.30–16.30 UHR
300 ml Mineralwasser (eventuell 100 ml Direktsaft)
250 ml Kaffee, Schwarz- und Grüntee mit Milch, ohne Zucker
Variante 1: 150 ml/g Buttermilch, Naturjoghurt, Milch, Kakao, Pudding
Variante 2: 1 Stück Obst (120–160 g)
Variante 3: 40 g Vollkornbrot oder -brötchen, maximal 5 g Butter, 15 g Süßes (Honig, Marmelade) *oder* 25–30 g Käse oder Wurst
ABENDESSEN 19.00–20.30 UHR
300 ml Mineralwasser (eventuell 100 ml Direktsaft)
250 ml Kaffee, Schwarz- und Grüntee mit Milch, ohne Zucker
Variante 1: 70–80 g Nudeln, Reis und Getreideprodukte oder 190–220 g Kartoffeln + 130–150 g Fleisch und Fisch oder 2 Eier oder 30 g Käse + Gemüse und Salat (maximal 15 g Öl bzw. Fett)
Variante 2: 70–90 g Vollkornbrot oder -brötchen, maximal 10 g Butter, 35–40 g Käse oder Wurst, Gemüse und Salat (maximal 15 g Öl bzw. Fett)
Variante 3 (ungünstig, aber ein- bis zweimal pro Woche erlaubt): Fast Food (maximal 1 Döner, 1 Pizzaschnitte, 1 großer Burger, 1 belegtes Brötchen, 1 Butterbrezel)

▶▶

Vier Stunden vor dem Schlafengehen sollten Sie keinen Kaffee mehr trinken, denn das könnte Ihnen den Schlaf rauben.

NACHTESSEN 23.30–00.30 UHR
300 ml Mineralwasser (eventuell 100 ml Direktsaft)
250 ml Kaffee, Schwarz- und Grüntee mit Milch, ohne Zucker
Variante 1: Besonders geeignet und belebend sind Eintöpfe (Gemüse-, Kartoffelsuppe) oder Nudel-Fleischgerichte (Gulasch mit Reis oder Nudeln)
Variante 2: 70–80 g Nudeln, Reis und Getreideprodukte oder 190–220 g Kartoffeln + 130–150 g Fleisch und Fisch oder 2 Eier oder 30 g Käse + Gemüse und Salat (maximal 15 g Öl bzw. Fett)
Variante 3: 70–90 g Vollkornbrot oder -brötchen, maximal 10 g Butter, 35–40 g Käse oder Wurst, Gemüse und Salat (maximal 15 g Öl bzw. Fett). Eventuell 300 ml Brühe mit Einlage (Nudeln, Backerbsen, Flädle, dann aber das Brot um 30 % reduzieren!)
02.30–03.00 UHR
300 ml Mineralwasser (eventuell 100 ml Direktsaft), keinen Kaffee, Schwarz- und Grüntee!
Variante 1: 150 ml/g Buttermilch, Naturjoghurt, Milch, Kakao, Pudding oder 1 Stück Obst (120–160 g)
Variante 2: 40–50 g Vollkornbrot oder -brötchen, maximal 5 g Butter, 18–25 g Käse oder Wurst
05.30–07.00 UHR
200 ml Mineralwasser, keinen Kaffee, Schwarz- und Grüntee!
Variante 1: 25 g Müslimischung (Getreideflocken), 50–75 g Milchprodukte (Naturjoghurt, Milch), 50 g Obst oder 5 g Süßes (Honig, Marmelade)
Variante 2: 150 ml/g Buttermilch, Naturjoghurt, Milch, Kakao, Pudding
Variante 3: 40–50 g Vollkornbrot oder -brötchen, maximal 5 g Butter, 10 g Süßes (Honig, Marmelade) *oder* 18–25 g Käse oder Wurst
Wichtig: Keinen Alkohol vor dem Schlafengehen!

Schlank im Job mit der Minus-20%-Regel

So einfach die Musterpläne auch aussehen: Gewicht halten oder gar abnehmen fällt den meisten von uns schwer – vor allem, wenn wir beruflich eingespannt sind.

Viele Abnehmwillige setzen auch heute noch auf eine Diät, um ihr Gewicht langfristig zu reduzieren. Von Atkins über Trennkost zur Zitronendiät gibt es viele hundert verschiedene Varianten. Alle basieren im Prinzip nur auf einem Effekt: Es werden dabei die täglich aufgenommenen Gesamtkalorien gesenkt. Menschen, die über lange Jahre mit Übergewicht und vielleicht auch schon mit Folgeerkrankungen wie Bluthochdruck, Diabetes und Gelenkproblemen kämpfen, sollten sich von Diäten fernhalten. Langfristig wird man davon nur dicker und die Stimmung geht durch den ständigen Hunger in den Keller. Die Leistung im Job leidet natürlich auch massiv unter dem Diätenwahn.

Dabei gibt es eine ganz einfache Formel: die Minus-20%-Regel. Das ist der einfachste Abnehmtipp der Welt, und zwar ganz ohne Pulver und extremen Verzicht: Die klassische Diät hat ausgedient! Diese Methode klappt auch perfekt in jedem Berufsalltag – ob Sie nun am Schreibtisch vor dem PC sitzen oder als Lehrerin arbeiten. Viele hundert meiner Patienten haben sie in den letzten Jahren erfolgreich angewendet.

Meine Minus-20%-Regel klappt perfekt in jedem Berufsalltag.

Ich weiß aus eigener Erfahrung, wovon ich spreche. Ich quälte mich selber im Alter von 13 bis 18 Jahren durch alle möglichen Diäten. Wenig Fett, dann wieder wenig Kohlenhydrate. Nichts war langfristig von Erfolg gekrönt. Die Lösung war dann eine dauerhafte Reduktion der Gesamtenergie- bzw. -kalorien. Die Aufnahme (durch Nahrung und Getränke) und der Verbrauch (durch Grundumsatz und Bewegung) an Kalorien müssen sich die Waage halten oder einfacher ausgedrückt:

Sie dürfen nur so viel essen, wie Sie verbrauchen. Dazu muss man seinen persönlichen Kalorienverbrauch aber erst einmal kennen – der kann von Mensch zu Mensch nämlich ganz unterschiedlich sein!

Entweder Sie gehen zu einer zertifizierten Ernährungsfachkraft wie einer Diätassistentin oder Ökotrophologin und lassen Ihren Kalorienverbrauch ermitteln, oder Sie führen über zwei Wochen ein Ernährungstagebuch. Dann verbannen Sie einfach 20 Prozent der einzelnen Lebens- und Genussmittel aus Ihrem Speiseplan – dauerhaft!

Meine Erfahrungen haben gezeigt, dass sich die Minus-20%-Regel super durchhalten lässt.

Die Minus-20%-Regel lässt sich super in Ihren Arbeitsalltag integrieren. Ihnen fällt zum Beispiel auf, dass Sie jeden Mittag zum Hauptgericht in der Kantine eine Vorspeise + Nachspeise + 500 Milliliter Apfelsaft verzehren bzw. trinken. Das sind rund 600 Kalorien, für einen Normalgewichtigen ist das okay. Jetzt haben Sie aber z. B. 10 kg Übergewicht. Hier greift die Minus-20%-Regel: Dann trinken Sie jetzt ein Apfelschorle mit 200 Milliliter Apfelsaft + 300 Milliliter Wasser und verzichten im Wechsel auf die Vorspeise oder das Dessert. So sparen Sie etwa 250 Kalorien pro Tag. In einem Arbeitsmonat sind das dann stolze 5000 Kalorien und rund 800 Gramm reduziertes Körperfett, also ein knappes Kilo Gewichtsabnahme. Es gilt also nicht die alte Regel FDH (Friss die Hälfte) – das wäre zu viel an reduzierter Energie –, sondern Minus 20 Prozent.

Ein weiteres Beispiel: Sie essen zum Frühstück in der Regel drei Toastbrote, zum Mittag trinken Sie immer ein Softgetränk (300 ml) und am Abend sind zwei Brötchen auf dem Vespertisch. Nach der Minus-20%-Regel gibt es nur zwei Toastbrote, nur jeden zweiten Tag ein Softgetränk und am Abend ein Brötchen + eine kleine Scheibe Brot. Somit fallen etwa 20 Prozent der Tagesenergie weg.

Denken Sie dabei immer daran, dass jeder Mensch ein Individuum ist – mit seiner eigene Veranlagung, seinem Genpool. Nicht jeder kann schlank und groß sein oder einen breiten Rücken und feste Waden haben. Des Weiteren haben wir alle unterschiedliche Vorlieben, Arbeits- und Tagesabläufe und Erkrankungen, die es zu berücksichtigen gilt.

Die Vorteile der Minus-20%-Regel liegen auf der Hand. Man kann sie sehr gut durchhalten und alle Mikro- und Makronährstoffe sind in ausgeglichener Menge in der aufgenommenen Nahrung enthalten. Um fit im Job zu sein, ist eine ausgewogene Ernährung in der richtigen Menge sehr wichtig! Wenn wir einseitige Diäten durchführen, gerät unser Energie- und Leistungsstoffwechsel aus dem Gleichgewicht. Wichtige Enzyme und Hormone, die unsere Körpervorgänge steuern, werden nicht mehr ausreichend gebildet und dadurch kommt es zu einem Motivationsabbruch. Und wussten Sie zum Beispiel, dass bei Zero-Carb-Diäten das Risiko, eine Depression auszulösen, stark ansteigt?

Haferflocken sättigen gut und bringen die Verdauung auf Trab.

Minus 20 – so geht's

14 Tage lang müssen Sie Vorarbeit leisten, dann geht es ganz einfach weiter.

Schreiben Sie 14 Tage genau auf, was Sie essen und trinken. Am besten wiegen Sie auch alles genau ab. Dann ziehen Sie einfach 20 Prozent ab. Wie das funktioniert, zeige ich Ihnen ganz praktisch am Beispiel einer meiner Patientinnen.

Beispiel: Frau K. möchte abnehmen

Frau K. ist 48 Jahre alt, 1,69 Meter groß und wiegt rund 85 Kilogramm. Seit zwei Jahren hat sie einen diagnostizierten Typ-2-Diabetes und Bluthochdruck, der Arzt hat ihr dafür Medikamente verordnet. Sie hat rund 20 Kilogramm Übergewicht. Zunächst haben wir aufgelistet, was sie normalerweise isst. Das ist die Essabfrage (Anamnese). Danach habe ich auf der Basis ihres tatsächlichen Energiebedarfs auf dem weißen Blatt ihr ideales Essverhalten skizziert.

Wie isst Frau K. derzeit?

Frühstück Schwarzen Kaffee trinkt Frau K. nicht mehr, weil sie gehört hat, dass er übersäuert und das der Grund dafür ist, dass sie nicht abnimmt. Jetzt trinkt sie 5 Tassen Tee mit jeweils 10 g Zucker, weil der Kräutertee sonst nicht schmeckt → **rund 200 kcal.** Dazu isst sie einen Schokoriegel von ca. 50 g oder einen Muffin, und wenn es mal gesund sein soll, trinkt sie einen Smoothie → **rund 300 kcal.**

Zum **Mittag** isst sie meist einen kleinen Döner, ein Frikadellenbrötchen oder Currywurst mit Brötchen → **rund 500 kcal.**

Das **Abendessen** besteht aus 2 Scheiben Brot mit je 10 g Butter und 30 g Wurst → **rund 500 kcal.** Am Abend trinkt sie 2 Mal 150 ml Wein → **rund 250 kcal.**

Über den Tag verteilt trinkt Frau K. ca. 1 Liter fertig gemischte Apfelsaftschorle → **rund 250 kcal.**

Gesamt isst und trinkt Frau K. im Schnitt **rund 2000 kcal.** Ihr Bedarf wären rund 1700 kcal. Ihr Gewicht würde sich dann auf rund 65 kg einpendeln.

200 kcal
+ 300 kcal
+ 500 kcal
+ 500 kcal
+ 250 kcal
+ 250 kcal
= 2000 kcal

Die aktuell aufgenommene und auch verbrauchte Energie ermittle ich durch ein Sieben- oder 14-Tage-Ernährungsprotokoll des Patienten. Oft kann ich die überschüssige Energiemenge aber auch direkt nach dem Gespräch schätzen. Auf dieser Basis nehme ich im nächsten Schritt eine Ist-Soll-Bestimmung vor. Benötigt Frau K. also 1600 kcal pro Tag, um ein Gewicht von ca. 65 kg zu erreichen, wiegt aber 85 kg, isst sie, um dieses Übergewicht zu halten, ca. 400 kcal pro Tag zu viel. Deshalb ziehe ich von der Ist-Menge (2000 kcal) 400 kcal ab und bin so bei der Soll-Energiemenge rund 1600 kcal.

Das Ergebnis: Frau K. hat mit diesem weißen Blatt in 9 Monaten 18 kg abgenommen, ihre Verdauung hat sich stark verbessert und sie durfte alle Medikamente absetzen. Sie war im April 2018 bei mir und wog 67 kg.

Reduzieren wir nun die Energie

Zum **Frühstück** versuchen wir die Verdauung mit Ballaststoffen aus 70 g Haferflocken und Milchsäurebakterien aus 150 g Joghurt (3,8 % Fett) zu verbessern. 1 Stück Obst, rund 100 g, kommt auch noch dazu. Eine weitere Variante wären 70 g gemischte Nüsse (vorwiegend Walnüsse oder Mandeln) oder eine Mischung aus Müsli und Nüssen. Durch die Reduktion der vielen einfachen bzw. schnellen Kohlenhydrate in Form von Zucker bleibt der Blutzuckerspiegel flach und Frau K. hat weniger Hunger **→ rund 450 kcal.**

Von 50 g Zucker in 5 Tassen Tee bewegen wir uns auf 18 g Zucker **→ rund 70 kcal.**

Zum **Mittagessen** nahm Frau K. nun eine Vesperbox mit ins Büro. Sie machte für ihren Mann und für die Kinder immer schon eine Box fertig, deshalb hatte sie keinen zusätzlichen Aufwand. Inhalt: 2 kleinen Brote, 1 hartgekochtes Ei, 30 g Wurst, 1 Stück Gemüse, etwas Nüsse und Beeren **→ rund 500 kcal.** Natürlich bekam Frau K. Bonustage: 1 bis 2 Mal pro Woche ist die alte Mittagessen-Variante mit Currywurst und kleinem Döner erlaubt.

2 bis 3 kleine Kekse oder einen kleinen Schokoriegel bzw. 30 g Schokolade gibt es um 15 Uhr beim Treffen mit Kollegen in der Kaffeeküche **→ rund 170 kcal.**

Beim **Abendessen** bleiben die 2 Brote, jedoch mit etwas weniger Butter (14 g anstatt 20 g – Kleinvieh macht auch Mist) und 30 g Wurst **→ rund 400 kcal.**

Apfelsaftschorle wurde in Wasser umgewandelt – das hatte Frau K. sich selbst gewünscht **→ 0 kcal.**

Somit kommen wir auf eine Kalorienmenge von **rund 1600 kcal** und sparen ohne Verbote 400 kcal pro Arbeitstag ein.

450 kcal
\+ 70 kcal
\+ 500 kcal
\+ 170 kcal
\+ 400 kcal
\+ 0 kcal
= 1590 kcal

Auf den Punkt gebracht: Raus aus dem Gewichts- und Diäten-Dschungel

Durst wird oft falsch als Hunger interpretiert und man isst etwas, anstatt zu trinken.

Mit den folgenden Tipps finden auch Sie sicher Ihren Weg zum Wunschgewicht:

Achten Sie auf die Energiemenge. Wir brauchen Volumen im Magen, also ganz einfach Füllmenge, denn nur dann reagieren unsere Rezeptoren in der Magenwand und melden die Dehnung an das Gehirn. Unser Gehirn bekommt dadurch das Signal, dass wir satt sind. Dabei ist es clever, auf Lebensmittel mit viel Volumen aber wenig Kalorien zu setzen, also auf Obst und Gemüse. Nicht zwei Brötchen mit Butter und 80 Gramm Wurst, sondern ein Brötchen mit etwas Butter, 40 Gramm Wurst und 200 bis 300 Gramm Gemüse lautet dann die Devise.

Achten Sie auch auf eine ausreichende Trinkmenge. Durst wird oft falsch als Hunger interpretiert und man isst etwas, anstatt zu trinken. Also haben Sie immer eine Wasserflasche am Arbeitsplatz und in Griffnähe. Softgetränke und pure Säfte sind heftige Kalorienbomben und fördern den Heißhunger. Regelmäßiger Alkoholkonsum – auch zwei Gläschen Wein (125 ml) am Tag – summieren sich in einem Monat auf über sieben Liter: Das sind immerhin pro Tag 210 Kalorien und im Monat sogar 6300 Kalorien.

Kombinieren Sie die Nährstoffe klug. Eiweiß, Fette und Ballaststoffe im Mix sind die Zauberformel – schauen Sie auf unsere zwei Tagesbeispiele. Versuchen Sie, die klassischen Toastbrotfrühstücke mit Konfitüre und Honig mit etwas weniger Toastbrot und kombiniert mit Speisequark und Konfitüre zu wählen. Durch das Eiweiß im Quark und die reduzierte Kohlenhydratmenge (nur zwei Toast anstatt drei) bleiben die Hungerhormone im Halbschlaf und Ihre Sättigung hält länger an.

Geschlecht und Alter bestimmen Ihre tägliche Energiemenge. Junge, große Männer, die Sport treiben, sind wahre Essmaschinen. Sie können riesige Portionen Nudeln, Brot und Süßigkeiten verdrücken – Sie kennen bestimmt auch so einen Kalorienneutralisierer. Eine kleine

Frau in den Wechseljahren mit einer Schilddrüsenunterfunktion, die wenig Sport treibt, ist da das absolute Gegenteil. Hier bleibt gefühlt alles an der Hüfte kleben oder sie wird vom Anschauen des Essens schon dick. Diese Beispiele zeigen, wie wichtig es ist, dass Sie Ihren individuellen Kalorienverbrauch kennen.

Nicht schlingen und überessen. Versuchen Sie, eine kleine Portion zu nehmen, diese etwas langsamer zu essen als sonst und warten Sie bis zur nächsten Portion 15 Minuten und essen Sie dann weiter. Denken Sie an Ihre Magenwand-Rezeptoren, die müssen erst einmal an das Gehirn melden, dass etwas im Magen ist. Mein Tipp: Am Abend mit einer kleinen Suppe, etwa 150 Milliliter, starten und 15 Minuten warten (Sie können ja in der Zwischenzeit Ihre Vorbereitungen für den nächsten Tag erledigen). Dann essen Sie mit einem kleinen Teller (Kuchenteller) das Hauptgericht weiter. Gern können Sie auch nochmal einen Nachschlag nehmen, aber ich gehe jede Wette ein, einen dritten kleinen Teller wird es nicht mehr geben. Sie sind satt und haben dadurch locker 30 Prozent Energie eingespart, ohne auf Ihre Spaghetti Bolognese zu verzichten.

Denken Sie an Ihren Insulinspiegel. Konzentrieren Sie sich in der Regel auf drei Hauptmahlzeiten am Tag. Snacking vor allem mit kohlenhydratreichem Essen wie Bonbons, Schokoriegeln, Brezeln und Keksen treibt Ihren Insulinspiegel in Höhen und Tiefen. Also kommt Ihr Köper nicht zur Ruhe und Sie brauchen immer wieder Nachschub.

Was tun bei Heißhunger? Die Lust auf Essen entsteht in einer Region des Gehirns, die auch für Freude und Belohnung verantwortlich ist. Heißhunger wird hormonell z. B. durch Leptin und Serotonin gesteuert. Ausreichend trinken und Kaugummi kauen sind Maßnahmen, die Sie ausprobieren können, um Ihr Hungergefühl etwas zu bremsen.

> Viel trinken und Kaugummi kauen hilft gegen akuten Heißhunger.

Auch Vitamin- und Mineralstoffmangel oder Mangel an Eiweiß sind klare Heißhungertreiber. Es gibt Studien, die belegen, dass eine ausreichende Eiweißzufuhr Heißhunger um 50 Prozent reduzieren kann. Diese Ergebnisse kann ich aus meiner täglichen Praxisarbeit mit meinen Patienten bestätigen! Sie benötigen eine klare Planung, damit die Zusammensetzung Ihrer Mahlzeiten stimmt. Beispiel: Tagespläne Seiten 29 und 32.

Wie Sie schon gelesen haben, sind Menschen mit Stress anfälliger für Heißhunger als ausgeglichene Menschen. Ein höherer Kortisolspiegel fördert also das ungeliebte Bauch- und Hüftfett. Suchen Sie sich Experten für Stressreduktion: Psychologen, Zeitmanager, zertifizierte Stressmanager.

Versuchen Sie, ausreichend zu schlafen. Das bedeutet je nach Typ etwas anderes, jedoch sind sechs bis sieben Stunden sicher erstrebenswert. Hier gibt es einige Untersuchungen, die zeigen, dass Schlafmangel mit Übergewicht einhergeht.

Bei Heißhunger am Abend auf Schokoriegel und Co. starten Sie vorab mit einem Stück Obst, 25 Gramm Trockenfrüchten oder 25 Gramm Nüssen. In der Regel können Sie dann sehr leicht auf die Schokovariante verzichten – selbst wenn Sie durch diese Maßnahme nur 50 Prozent weniger Industriesüßes essen, ist das ein klarer Gewinn für die Figur. Auch Schokolade mit einem hohen Kakaoanteil lässt die Menge an klassischer Vollmilchschokolade schmelzen.

Bewegung im Arbeitsalltag

In diesem Buch geht es um das Essen im Job – aber auch Bewegung gehört zu einem gesunden Leben. Sie fördert nicht nur die Verdauung und damit die optimale Verarbeitung unserer Nahrung, sondern sie baut Stress ab, regt den Stoffwechsel an, hält das Gewicht in Schach und fördert unsere Gesundheit auf vielfältige Weise – und sie macht Spaß! Wenn Sie regelmäßig zwei- bis dreimal pro Woche Sport treiben, sind Sie schon im grünen Bereich. Dazu achten Sie als Vielsitzer bitte noch tagsüber auf ein wenig mehr Aktivität, um den Kreislauf anzukurbeln und so die Müdigkeit zu verscheuchen, und vermeiden gleichzeitig Rückenbeschwerden. Mit den folgenden Tipps ist das gar nicht schwierig:

1. **Machen Sie Umwege!** Es fängt gar nicht erst im Büro an, sondern bereits auf dem Weg zur Arbeit: Planen Sie kleinere Umwege ein, die Sie nicht zu viel Zeit kosten. Das kann ein netter Spaziergang durch den Park sein oder die Route durch einen anderen Teil des Gebäudes. So lernen Sie vielleicht auch nette Kollegen aus anderen Abteilungen kennen!
2. **Treppen rauf und runter!** Nehmen Sie, wann immer Sie können, die Treppe statt dem Fahrstuhl! Besiegen Sie Ihren inneren Schweinehund – auf Dauer wird Ihr Körper es Ihnen danken.
3. **Der Weg ist das Ziel!** Drucken Sie Ihre Dokumente am entferntesten Drucker, setzen Sie Meetings in einem anderen Stockwerk an und stellen Sie Ihren Papierkorb in die Ecke des Büros. Telefonieren Sie im Stehen, wann immer es geht. Schaffen Sie sich Gründe, um aufzustehen und sich zu bewegen!
4. **Mittagspause:** Sie essen in der Kantine? Dann machen Sie doch nach dem Essen einen kleinen Umweg und kehren nicht direkt an den Arbeitsplatz zurück. Selbst wenn Sie nur fünf oder zehn Minuten Zeit haben: Machen Sie einen kleinen Spaziergang und lernen Sie die Gegend ein bisschen kennen.
5. **Face to Face:** Statt immer alles per E-Mail oder telefonisch zu klären, besuchen Sie Ihre Kollegen doch einfach mal zu Fuß! Manchmal geht das sogar schneller als eine E-Mail, weil es zu weniger Missverständnissen kommt und man sich besser kennenlernt.
6. **Meetings im Stehen:** Halten Sie Ihre Meetings einfach mal im Stehen ab. Das ist zwar etwas gewöhnungsbedürftig, aber durch die Bewegung kann es sogar sein, dass Ihnen bessere Ideen kommen, weil Ihr Kreislauf besser in Schwung ist. Meistens dauern solche Treffen auch nicht so lange und sind effizienter.
7. **Besseres Sitzen:** Wenn Sie die Möglichkeit haben, Ihren Schreibtischstuhl gegen einen Gymnastikball, einen Stehtisch oder einen Pendelhocker zu tauschen, dann tun Sie das zwischendurch immer mal wieder! Sie bewegen sich durch dynamisches Sitzen automatisch mehr. Allerdings ist ein Gymnastikball nicht dafür geeignet, den gan-

zen Tag darauf zu sitzen. Das würde Ihre Muskulatur überfordern. Er ist und bleibt ein Übungsgerät.

8. Kurze Dehnpause: Wenn Sie die Möglichkeit haben (ein eigenes Büro, einen nicht genutzten Raum), dann legen Sie gegen Mittag oder am frühen Nachmittag eine kleine Pause ein und dehnen Sie sich. Dafür brauchen Sie vielleicht ein bisschen Platz, doch es bringt Ihren Kreislauf wieder in Schwung, hilft Ihrem Rücken nach dem langen Sitzen, sich wieder etwas zu entspannen und vitalisiert Ihren ganzen Körper. Danach sind Sie viel konzentrierter!

Fünf Minuten für Ihre Gefäße

Wenn man länger als eine Stunde am Stück sitzt, hat das negative Auswirkungen auf die Gesundheit. Normalerweise nehmen die Gefäßfunktionen schon nach 60 Minuten um bis zu 50 Prozent ab. Forscher der Indiana University fanden jedoch heraus, dass bereits Spaziergänge von fünf Minuten unsere Gefäße gesund halten.

Einmal in der Stunde fünf Minuten zu gehen lässt sich recht einfach in den Arbeitsalltag integrieren. Dabei muss es sich nicht immer um einen „richtigen" Spaziergang handeln, der lässt sich während der Arbeitszeit schließlich nur schlecht umsetzen! Ein Gang zum Kopierer oder in die Kaffeeküche und öfter mal die Treppe zu benutzen tun es auch.

Essen im Arbeitsalltag – kulinarisch optimiert

„Schnelles Essen" im Arbeitsalltag ist über ein Berufsleben gesehen gesundheitlich ungünstig und sehr eintönig. Alles, was man schnell auf die Hand bekommt, im Stehen oder unterwegs verzehren kann, kann im Allgemeinen als Fast Food bezeichnet werden. Die Klassiker sind Hamburger, Big Mac, Pizza, Hot Dog, Pommes und Currywurst. Aber auch Döner, dick belegte Brötchen, Croissants und die Butterbrezel fallen in diese Kategorie. In diesem Kapitel zeige ich Ihnen, dass das auch besser geht – ohne großen Aufwand!

Damit Sie meine Vorschläge und Rezepte gut umsetzen können, ist es übrigens sinnvoll, wenn Sie Ihren Arbeitsalltag einmal kulinarisch unter die Lupe nehmen und dann ganz konkret schauen, wo Sie für sich Verbesserungen vornehmen können. Fragen Sie sich zum Beispiel Folgendes:

- Welche Pausen stehen mir für das Essen zur Verfügung?
- Wie viel Zeit habe ich, um zu essen?
- Kann ich zwischendurch etwas essen?
- Gibt es eine Küche, in der ich eventuell mitgebrachte Snacks kühlen, erwärmen und auch essen kann?
- Habe ich auf meinem Arbeitsplatz Platz für eine Obstschüssel?
- Was nehme ich im Laufe des Arbeitstags alles zu mir? Was könnte ich austauschen?
- Wie viel Kaffee trinke ich? Was trinke ich sonst und trinke ich genug?

Nehmen Sie Ihren Arbeitsalltag kulinarisch einmal genau unter die Lupe.

Richtig frühstücken

Auch wenn Sie es schon tausendmal gehört haben: Versuchen Sie bitte zu frühstücken!

Nicht jeder kann morgens schon etwas essen! Allerdings kann eine Mahlzeit bis etwa drei Stunden nach dem Aufstehen als Frühstück eingestuft werden – und das schaffen dann doch die meisten. Es ist auch wichtig, genau für sich auszuloten, ob man wirklich nicht essen kann oder ob es nur eine schlechte Angewohnheit ist, nicht zu frühstücken. Es müssen ja keine sehr großen Portionen sein.

Starten Sie nicht mit einem Alibi-Fruchtsaft oder einem Trend-Smoothie, denn beide heizen Ihrem Blutzucker mächtig ein, das Insulin muss dagegen regulieren und nach einer Stunde haben Sie wieder Hunger. Sie brauchen ein Frühstück mit komplexen Kohlenhydraten, Eiweiß und etwas Fett. Somit erhöht sich der Blutzuckerspiegel nicht massiv und Sie bleiben länger satt und leistungsfähig.
Gute Frühstücksvarianten sind zum Beispiel:

- Kefir oder Buttermilch als Shake mit Gurke, Tomate und frischen Kräutern
- 50 g Haferflocken mit 30 g Studentenfutter und etwas Naturjoghurt, Quark, Milch oder Sojamilch
- 2 EL Haferflocken, 1 Stück Obst, 1 EL Leinsamen, 25 g gemischte Nüsse und Hafer-, Mandel-, Sojamilch
- Ein Omelett aus 2 Eiern, 1 TL geschrotete Leinsamen, 1 TL Vollkornmehl, 1 EL gehackte Walnüsse und 2 Champignons
- 65 bis 80 g Vollkornbrot oder -brötchen mit 7 g Butter und 40 g Kasseler, kaltem Braten oder Kochschinken und etwas Rohkost wie Tomate, Paprika, Karotte, Gurke oder Feldsalat. Dazu Kräuterfrischkäse mit frischem Dill und etwas geräuchertem Lachs.

Im Rezeptteil finden Sie ab Seite 74 leckere Rezepte für ein abwechslungsreiches Frühstück.

SPECIAL Kleine Riegelkunde

Immer mehr Menschen denken, es sei eine gute Idee, das Frühstück mal schnell durch Müsliriegel zu ersetzen. Auch als Zwischensnacks sind sie beliebt. Vorteile haben sie schon: Sie sind immer griffbereit, leicht zu transportieren, halten sich lange in der Schreibtischschublade – aber sind sie auch so gesund, wie viele meinen? Da lohnt sich ein genauerer Blick.

Proteinriegel: Bei jungen Menschen, die nahezu täglich im Verein Sport treiben oder ihren Körper beim Bodybuilding stählen, können zusatzfreie Riegel mit einem hohen Proteinanteil als Notfall zur „Mittagessensüberbrückung" eingesetzt werden. Die Riegel haben in der Regel fast 400 Kalorien und sind somit keine Zwischenmahlzeit, sondern eine Hauptmahlzeit!

Molke-, Aktiv- und Haferriegel: Die Riegel enthalten oft viel Zucker und wenig gesundheits- und leistungssteigernde Zutaten. Die meisten Riegel enthalten Fruktose-Glukosesirup, künstliche Aromen, Palmfett und billige Füllstoffe wie Reismehl und Maltodextrin. Die Versprechungen auf den Verpackungen wie „Frucht", „Molke" oder auch „Aktiv" sind unglaublich frech und irreführend. Hier gibt es keine Vorteile gegenüber normalen Schokoriegeln!

Müsliriegel und Fruchtschnitten aus der Bio-Ecke: Die Zusammensetzung ist oft besser. Mehr Haferflocken und vollwertiges Getreide und weniger Zucker. Aber auch hier ist der Blick auf die Zutatenliste immer wichtig. Des Weiteren haben die Riegel genauso viele Kalorien wie Schokoriegel. Die Hüfte wird durch die Bioriegel nicht schlanker.

Fazit: Wenn es ab und an ein Müsliriegel sein soll, dann schauen Sie bei der Auswahl ganz genau hin – und unterschätzen Sie nicht die Kalorien.

Leicht und lecker mittagessen

Keine Kantine? Kein Problem!

Gönnen Sie sich um die Mittagszeit unbedingt 30 bis 60 Minuten Ruhe von der Arbeit und genießen Sie ein leckeres, ausgewogenes Mittagessen. Es muss nicht unbedingt warm sein, aber definitiv in Ruhe, auch gern in kleiner Runde mit Ihren Kollegen.

Fettiges und kohlenhydratreiches Essen wie Schnitzel mit Pommes, Bratkartoffeln mit Spiegelei und Leberkäse wirken oft ermüdend und führen zu einem Leistungsknick und zu Abgeschlagenheit. Das Essen liegt dann auch über den Nachmittag schwer im Magen und der Körper ist heftig mit der Verdauung beschäftigt.

Haben Sie am Arbeitsplatz eine Teeküche oder Mikrowelle? Dann erwärmen Sie einfach den Rest vom Abendessen: Denken Sie schon bei der Zubereitung an eine extra Portion. Die können Sie auch noch nach zwei Tagen (im Kühlschrank gelagert) mit zur Arbeit nehmen. So müssen Sie nicht direkt am nächsten Tag dasselbe essen.

Egal, ob Kantine oder nicht: Ein gesundes und leckeres Mittagessen ist immer möglich!

Wenn Sie keine Kantine, Teeküche und Mikrowelle haben, versuchen Sie, kreative Kaltspeisen einzubauen. Aus Resten wie Nudeln, Reis und Kartoffeln lassen sich sehr gut mit Gemüse, Käsestreifen, kaltem Braten und einem Joghurtdressing leckere Salate zubereiten.

Wenn Sie auswärts essen, dann achten Sie beim Gang zum Bäcker oder Metzger auf die Energiemenge. Nicht zwei Brötchen dick belegt mit Wurst, Käse, Butter und Remoulade inklusive Cola, sondern ein belegtes Brötchen, eine Brezel ohne Butter und ein Mineralwasser sorgen auch schon für Hüftentspannung.

Achten Sie beim Besuch des Mittagstischs im Restaurant um die Ecke auf eine ordentliche Gemüsemenge zum oder im Essen – Asia-Imbiss versus Schnitzelparadies: Beim Asia-Imbiss haben Sie einen hohen Gemüseanteil, der sättigt, beim Schnitzel sättigen in erster Linie das fette Fleisch und die Panade.

Tappen Sie auch nicht in die Fettfalle Salatteller: Der Salat ist natürlich sehr energiearm, jedoch bringt das Dressing meistens reichlich

Hüftgold mit sich. Das Salatdressing hat oft dreimal so viel Energie wie der Salat selbst. Teilweise ist ein Salat noch mit Käse, Ei oder Wurst bestückt, ein Brötchen und ein Glas Apfelschorle bringen die Salatmahlzeit auf Pasta-, Pizza- und Dönerniveau.

Beim Metzger wäre ein Rinderbraten mit viel Gemüse und wenig Beilagen wie Nudeln oder Reis ideal. Die Metzger lassen da auch sicher mit sich reden, wenn Sie mehr Gemüse bestellen und den Fleischanteil reduzieren wollen. Beim Bäcker gilt dasselbe, lassen Sie Ihre Brötchen frisch bestücken. Niemand braucht Remoulade, dick Butter und vier Scheiben Wurst auf den Brötchen: Durch die Fettmenge der Butter und Remoulade haben Sie einen Burger. Versuchen Sie lieber Frischkäse, zwei Scheiben Wurst oder Käse mit etwas frischem Gemüse auf dem Brötchen.

Lust auf Döner? Kein Problem, versuchen Sie, das Fleisch nur mit Gemüse zu essen, Sie müssen das ja nicht immer so machen, aber wenn am Abend noch deftig gegessen wird, sorgt der „schmale Mittag“ ohne Dönerbrot für eine Entspannung.

Übrigens nehmen sich die meisten Deutschen laut Umfragen ihr Mittagessen von zuhause mit – meistens eine Stulle Brot. Ab Seite 96 erhalten Sie viele Rezepte und neue Ideen für Mahlzeiten während der Arbeit – auch super Alternativen zum Wurst- und Käsebrot. Und auf Seite 64 zeige ich Ihnen, wie Sie sich strategisch Ihre Mahlzeiten für die Woche vorbereiten: Mit einem kompletten Wochenplan und der dazu passenden Einkaufsliste.

SPECIAL Fördert Fast Food Übergewicht?

Der Gang ins Schnellrestaurant oder in die Imbissbude ist nach wie vor sehr beliebt. Viele Fast-Food-Klassiker sind schon wahre Kultobjekte. Das Werbebudget der Fast-Food-Ketten ist sehr hoch und die Werbestrategien sind ausgeklügelt. Es wird mit vertrauten Prominenten und sozialer Kompetenz geworben, auch die Frische, Herkunft und Gesundheit sind immer Inhalte der Werbeaussagen. Diese Inhalte fördern bei vielen Verbrauchern eine gewisse Sicherheit.

Für Fast Food gilt wie für alle anderen Gerichte: Auf die Menge kommt es an.

Im Prinzip fördert Fast Food die Gewichtszunahme erst einmal nicht, die Menge ist jedoch entscheidend. Hinzu kommt, dass es in der Regel schnell und unbewusst verzehrt wird und die meisten Fast-Food-Speisen nur wenige Ballaststoffe enthalten. Die Zusatzstoffe der einzelnen Produkte fördern den Appetit. Die Energie der Fast-Food-Speisen bzw. Menüs in Schnellrestaurants ist sehr hoch. Eine Frau mit einem Gewicht von 65 kg hat einen täglichen Energiebedarf von etwa 2000 Kalorien. Wenn diese ein normales Menü mit kleiner Cola in einem Schnellrestaurant verzehrt, hat sie schon die Hälfte – etwa 1000 Kalorien – ihres Tagesbedarfs erreicht. Vergleichbar auch ein Döner, eine Currywurst mit Pommes oder ein halbes Hähnchen mit Pommes jeweils mit kleinem Süßgetränk – hier ist die Hälfte der täglichen Kalorienmenge schon gedeckt – dazu kommen in der Regel noch täglich zwei Hauptmahlzeiten und ein bis zwei Zwischenmahlzeiten. Der Energieüberschuss und eine daraus resultierende Gewichtszunahme sind vorprogrammiert.

Alles in allem ist Fast Food in der Regel also sehr fettig, salzig oder süß und extrem kalorienhaltig. Gleichzeitig hat es einen geringen Anteil an Ballaststoffen und ist vitamin- und mineralstoffarm. Deshalb führt ein hoher Fast-Food-Konsum zu gesundheitlichen Problemen wie Übergewicht und Diabetes.

Bei der Gewichtszunahme zählt übrigens nicht nur die Kalorienzahl, sondern auch die aufgenommenen Fette. Fett ist ein Geschmacksträger und wird in der Fast-Food-Industrie großzügig verwendet. Viele

Fast-Food-Gerichte wie Pommes oder Currywurst werden frittiert oder, wie der Hamburger, in viel Fett gebraten. Das macht die Gerichte so ungesund. Da Fast Food schnell und günstig in großer Masse produziert wird, werden zur Herstellung billige Fette verwendet, unter anderem künstliche Transfettsäuren, die bei der industriellen Härtung von Öl und durch sehr starke Hitze entstehen. Diese ungesunden gesättigten Fettsäuren machen nicht nur dick, sondern auch krank, wie wir aus zahlreichen Studien wissen.

Ein weiterer wichtiger Punkt ist auch, dass generell durch schnelles Essen nebenbei im Auto, beim Gehen oder auch am Stehtisch, die Nahrung unbewusst verzehrt wird. Es tritt kein ausreichendes Sättigungsgefühl ein, weil die Speisen nicht ausreichend gekaut werden. Dadurch haben wir wieder schneller Hunger oder essen auch mehr, was wieder zu einem Energieüberschuss führt und Übergewicht fördert. Durch eine unzureichend gekaute Mahlzeit muss unser Magen die Arbeit zusätzlich übernehmen, dies sorgt in der Regel für Magen- und Zwölffingerdarmbeschwerden. Das Essen wirkt unter solchen Umständen und Nährstoffzusammensetzungen (fett, salzig, zusatzstoffreich) nicht als Nährstoffspender, sondern als Schlappmacher im Berufsalltag.

Gehen Sie also mit Fast Food ganz bewusst um. Meine Tipps helfen Ihnen dabei:

- Wenn schon kalorienreiches Fast Food, dann wenigstens in Ruhe genießen.
- Schaffen Sie nach kalorienreichen Mahlzeiten einen Ausgleich. Nach einem Burgermenü am Mittag sollte am Abend eine schmale Mahlzeit wie eine Gemüsesuppe, ein Salatteller mit Joghurtdressing oder ein Quark mit Früchten folgen.
- Denken Sie nicht in XXL-Dimensionen, sondern starten Sie mit einer kleinen Portion.
- Trinken Sie zu Fast Food nicht noch zusätzlich kalorienreiche Getränke wie Cola und Limonade. Übrigens: Die meisten Apfelsaftschorlen enthalten pro 100 Milliliter etwa 6 Gramm Zucker. Bevorzugen Sie Mineralwasser oder selbst gemischte Fruchtsaftschorlen.

Fast Food können Sie mit meinen Tipps gut entschärfen.

In der Kantine clever auswählen

Schauen Sie sich Anfang der Woche am besten den Speiseplan an und planen Sie Ihre Gerichte von Montag bis Freitag. Spontane Änderungen sind natürlich wichtig und möglich. Wenn es Ihr absolutes Lieblingsgericht gibt, wie z. B. Schnitzel mit Pommes, würde ich es definitiv auf dem Wochenplan lassen, denn Verbote machen nur schlechte Stimmung. Wenn Sie die restlichen Tage Ihre ausgewählten Speisen verfolgen ist das Schnitzel mit Pommes kein Beinbruch.

Ihr Mittagessen sollte 550 bis 650 Kalorien haben.

Achten Sie bei der Auswahl auf Gerichte, die im Umfang von 550 bis 650 Kalorien liegen, die meisten Kantinen haben mittlerweile Nährwertberechnungen für ihre Speisen.

Oft gibt es eine Cremesuppe und ein Dessert zum Hauptessen dazu – „all inklusive" sozusagen. Bedenken Sie dabei immer, dass eine kleine Cremesuppe rund 200 Kalorien enthalten kann und ein Dessert wie ein Fruchtjoghurt rund acht Würfelzucker und somit auch rund 200 Kalorien enthält. So haben Sie mit den drei Komponenten Ihren halben Tagesbedarf gedeckt. Am besten Sie konzentrieren sich auf die Hauptmahlzeit und reduzieren die Vor- und Nachspeise.

Wenn in Ihrer Kantine große Hauptgang-Portionen die Regel sind, halbieren Sie die am besten gleich bei der Ausgabe. Meist bezahlen Sie dann auch weniger für Ihr Mittagessen. Ich kenne auch Menschen, die sich Behälter mitbringen und Rest mit nach Hause nehmen – für sich oder für ihre Familie. Das Halbieren der Beilagen wie Reis, Nudeln, Pommes und Bratkartoffeln ist eine gute Möglichkeit, um einen vollen Bauch und das dadurch entstehende Mittagstief zu umgehen und ein klarer Vorteil bei der Hüftgoldreduktion. Dafür die Gemüse- und Salatmenge aufstocken. Einen kompletten Beilagenverzicht empfehle ich nicht, denn etwas Kohlenhydrate am Mittag sind wichtig für den Organismus und das Gehirn – und sie schmecken natürlich auch.

Vorsicht bei der Auswahl am Salatbuffet! Die Salate sind in der Regel schon mit Dressing versehen, bei etwa 350 Gramm Gemüse- und Blattsalat kommen da schnell mal 30 Gramm Fett zusammen. Mit einem Brötchen und 0,5 Liter Apfelschorle zum Salatteller sind wir da schnell bei einer normalen Mittagsspeise. Suchen Sie Gemüse und Salat ohne Dressing und Öl aus der Salatbar und machen Sie sich das Dressing selbst sparsam dazu. Auch Beigaben wie Nüsse, Sonnenblumenkerne, Fetawürfel und Eierviertel sind zwar lecker zum Salat, haben jedoch bei großzügigem Schöpfen einiges an Energie parat. Ein Mittagssalat mit Wurst-, Kartoffel- und Fleischsalat garniert mit Feta, Eiern und Sonnenblumenkernen ist ein echter Gaumenschmaus, aber leider auch ein Hüft- und Leistungskiller.

Einfache Zwischensnacks zum Mitnehmen

Zwischenmahlzeiten – aber richtig! Die beste Regel wäre drei Mahlzeiten pro Tag in einem Abstand von etwa vier bis sechs Stunden. Also zwischen 6 und 8 Uhr Frühstück, zwischen 12 und 14 Uhr Mittagessen und zwischen 18 und 20 Uhr Abendessen. Einige Menschen brauchen aber einfach eine Kleinigkeit zwischendurch, je nach Stoffwechsel und auch körperlicher Aktivität. Kleine (proteinreiche) Snacks zwischendurch halten bei vielen von uns die Leistung konstant und schützen davor, bei den Hauptmahlzeiten zu viel zu essen.

Achten Sie auf eiweißhaltige Zwischenmahlzeiten wie 30 Gramm Nüsse oder etwas Quark mit 40 % Fett oder Naturjoghurt mit 3,8 % Fett mit einem Stück Obst. Auch ein hartgekochtes Ei als Zwischenmahlzeit ist zwar eher ungewöhnlich, aber probieren Sie es aus: Eiweiß macht satt und reduziert das im Magen gebildete Hungerhormon Ghrelin.

Vermeiden Sie die Süßkörbe im Großraumbüro mit Gummibären und Schokolade – die sind auch aus hygienischer Sicht nicht ideal. Gerade zur Erkältungszeit greift jeder in den Korb und dann geht es ab in den Mund: Da freuen sich alle Keime auf Vermehrung. Ein kleines Stück Kuchen einmal pro Woche zum Geburtstag eines Kollegen ist sicher kein Weltuntergang. Aber ständiges Naschen auf dem Weg zum Kollegen oder zum Drucker und das mehrfach am Morgen, sollte man sich definitiv abgewöhnen.

Einige Menschen brauchen einfach eine Kleinigkeit zwischendurch. Versuchen Sie aber bitte, nicht ständig zu naschen.

Ein oder zwei Stücke Obst sind eine gute energie- und nährstoffhaltige Alternative für unterwegs. Den Obstsalat „to go" sollten Sie stehen lassen, denn die vorgeschnittenen Obstsalate haben in der Regel keine Vitamine mehr und enthalten oft eine Menge Keime. Nehmen Sie lieber 30 Gramm Nüsse mit als Zwischenmahlzeit. Die sättigen gut, haben wichtige Fettsäuren sowie Ballaststoffe und Ihr Blutzuckerspiegel bleibt auch neutral – Sie haben dadurch eine bessere Fettverbrennung und weniger Heißhunger.

PAUSENSNACKS FÜR HERZHAFTE ESSER
Ein belegtes Vollkornbrot oder -brötchen sparsam bestrichen mit Butter oder üppig bestrichen mit Frischkäse, Kräuterquark, Tomatenmark oder Senf, belegt mit Wurst- oder Käsescheiben und garniert mit Salatblatt, Gurkenscheiben, Paprikastreifen oder Tomatenscheiben: **320 Kalorien**
250 g Speisequark 20 % pikant gewürzt (Salz, Pfeffer, Paprikapulver, Chili) mit Gemüsesticks (Paprika, Kohlrabi, Pastinake, Gurke, Karotte, Chicoréeblätter): **270 Kalorien**
50 g Hartkäse (in kleine Würfel geschnitten): **190 Kalorien**
2 hartgekochte Eier: **160 Kalorien**
100 g Harzer Käse mit einem Senf-Meerrettich-Tomatenmarkdip: **150 Kalorien**

AUS DEM SUPERMARKTREGAL
40 g Walnüsse sind sehr gut für die Konzentration und sie reduzieren durch das enthaltene Fett und Eiweiß den Hunger: **290 Kalorien**
50 g Studentenfutter: **250 Kalorien**
2 Knäckebrote oder 2 Zwiebäcke mit einer halben Kugel Mozzarella: **230 Kalorien**
25 g Edelbitterschokolade: **150 Kalorien**
50 g Trockenobst gemischt: **140 Kalorien**
2 Knäckebrote mit etwas Frischkäse: **130 Kalorien**
150 g Naturjoghurt vollfett (auch Fett macht satt, wie wir in den vorhergehenden Kapiteln gelernt haben!): **120 Kalorien**
2 Reiswaffeln (gesalzen): **70 Kalorien**

PAUSENSNACKS FÜR SÜSSE ESSER
Selfmade-Müsli mit 2 EL Haferflocken, 100 ml Milch oder 100 g Naturjoghurt, 20 g Nüssen und 10 g Rosinen oder anderem Trockenobst: **280 Kalorien**
Kombinieren Sie Obst oder Trockenfrüchte am besten mit Quark und Naturjoghurt! Dann schießt Ihr Blutzucker nicht in die Höhe – Unkonzentriertheit und Heißhunger bleiben aus. 1 kleiner Apfel, 1 Dattel, Feige oder Trockenpflaume (sehr fein geschnitten) mit 75 g Quark oder Naturjoghurt vermengt: **250 Kalorien**
Obstsalat vom Bäcker oder Kiosk ist meist schon lange vorgeschnitten, außerdem finde ich die Hygiene in einigen Läden nicht optimal. Deshalb zuhause frisch am Morgen zubereiten. Rezept für 2 Portionen (1 Portion für Ihren Partner): 3 verschiedene Stücke Obst nehmen, klein schneiden und vermengen. Minze und/oder Zitronenmelisse, Limetten- und/oder Zitronensaft und -abrieb und 1 TL Puderzucker oder Honig zum Obst geben und alles unterheben: pro Portion **220 Kalorien**
Machen Sie Ihren süßen Naturjoghurt selbst! Im Fruchtjoghurt stecken sowieso nur Farbstoffe, Aromen und etwa 7 Würfelzucker. Sie nehmen 150 g Naturjoghurt oder Quark und mischen mit etwa 6 g Puderzucker. Der Puderzucker löst sich sehr schnell auf und süßt ausreichend. Sie können auch mit Honig oder Stevia süßen: **150 Kalorien**
1 Stück Obst (Apfel, Banane, Orange, Birne) bzw. 150 g Obst kommen im Schnitt auf: **130 Kalorien**
Sämtliche Beerenfrüchte sind zur Saison ideal, sie enthalten im Schnitt 40 Kalorien pro 100 g! Also sind 300 g als Zwischenmahlzeit völlig in Ordnung: **120 Kalorien**

Ein Schüsselchen Beeren hat gerade einmal 60 Kalorien!

Wasser können Sie ganz leicht selbst aromatisieren.

Last but not least: Auch Trinken ist wichtig!

Die oft geforderte Trinkmenge von drei bis vier Litern pro Tag ist teilweise nicht machbar und auch nicht notwendig. Zwei Liter sind in der Regel völlig ausreichend. Vorwiegend sollten es Wasser und ungesüßter Tee sein. Wasser und Heilwasser mit einem hohen Anteil an Hydrogencarbonat (> 1000 Milligramm pro Liter) tragen zu einer besseren Verdauung bei. Gegen etwa 350 Milliliter Kaffee pro Tag ist auch nichts einzuwenden. Achten Sie dabei auf Ihre individuelle Verträglichkeit von Kaffee.

Vorsicht bei Alkohol, Saft, Softdrinks und Milch. Diese energiereichen Flüssigkeiten enthalten pro 100 Milliliter etwa 50 Kalorien. Zwei Viertel Wein oder zwei Flaschen Bier am Tag steuern schon rund 25 Prozent zur Tagesenergie bei. Milch und Saft enthalten viel Energie in Form von Milchzucker und Fruchtzucker.

Süße Getränke sind der Dickmacher Nummer eins!

Abendessen – wieder zuhause

Nach einem stressigen Arbeitstag heimkommen und dann noch ausgewogen kochen – geht das? Aber ja, das geht sogar ganz einfach: Sie brauchen ja kein Vier-Gänge-Menü zu kochen. Stattdessen habe ich gute After-Work-Rezepte für Sie und Ihre Familie, die oft nur 15 Minuten Zubereitungszeit benötigen. In der Regel lassen sich die Gerichte am nächsten Tag zur Arbeit mitnehmen, sodass Sie auch dort etwas Leckeres und Gesundes essen können. Mit einem Wochenplan fürs Essen und einer passenden Einkaufsliste gebe ich Ihnen eine Struktur zum Nachahmen vor.

In 15 Minuten kann ein leckeres Gericht auf dem Tisch stehen – garantiert!

Bei der Arbeit oder auch früher in der Schule und im Studium hatten wir bzw. haben wir genaue Arbeits- und Strukturvorgaben. Bei der Arbeit klappt in der Regel auch alles nach Plan – und so eine Planung brauchen Sie auch für Ihre neue Esskultur. Wenn Sie am Mittwochabend heimkommen und im Kühlschrank und in der Vorratskammer nichts Brauchbares liegt, ist der Griff in die Tiefkühltruhe zu Pizza und Co. die logische Konsequenz. Wenn Sie einmal pro Woche strukturiert einkaufen und eine klare Planung der fünf Arbeitstage verfolgen, sparen Sie nicht nur Zeit und Geld, sondern vermindern auch Hüftgold und Abgeschlagenheit durch eine leckere und ausgewogene Ernährung.

SVEN BACHS JOBREZEPTE

Jetzt wird es wirklich praktisch: Ein Wochenplan inklusive Einkaufsliste zeigt Ihnen, wie Ihr neues Jobfood für mehr Gesundheit und Leistungsfähigkeit aussehen kann. Die Rezepte sind nicht nur alle auf Berufstätige zugeschnitten, sondern erprobt und bewährt.

Der perfekte Wochenplan für eine Person

Keine unnötigen Kurzeinkäufe nach Feierabend mehr mit meinem Spezial zum Rezeptteil: Ein perfekter Wochenplan inklusive Einkaufsliste für Ihre Speisen aus den Rezepten! Probieren Sie es aus! Kaufen Sie am Samstag für die folgende Woche alles komplett ein. Die Mengenangaben und Portionen beziehen sich auf eine Person. Sie können natürlich für Ihre Familie komplett mitkochen und die Mengen dementsprechend anpassen. Nehmen Sie diesen Plan als Anregung, um weitere perfekte Wochenpläne selbst zu kreieren.

Und so funktioniert mein Wochenplan:

Morgens starten Sie mit einem Frühstück aus dem Rezeptteil. Für Ihre Mittagspause bei der Arbeit haben Sie am Vorabend vorgekocht, das müssen Sie einfach nur einpacken. Abends wird gekocht, dafür finden Sie im Rezeptteil leckere, ganz einfache Rezepte. Für jeden Tag sind zwei Zwischensnacks vorgesehen. Das können schnelle Kleinigkeiten aus dem Rezeptteil sein, aber auch mal ein Stück Kuchen von der Kollegin oder etwas aus dem Supermarkt.

	MONTAG	DIENSTAG	MITTWOCH	DONNERSTAG	FREITAG
Frühstück	1 Portion Proteinkick → S. 74	1 Portion Frühstücks-Beerenshake → S. 82	1 Portion Honig-Müsli → S. 78	1 Portion Overnight-Oats → S. 76	65–80 g Brot oder Brötchen mit 1 Portion Tomaten-Rucola-Aufstrich → S. 86
Snack 1	40 g Walnüsse	1 Portion Apfel-Karotten-Walnuss-Salat → S. 90	35–50 g Brot mit 1 Portion Guacamole → S. 89	2 hartgekochte Eier	25 g Edelbitterschokolade
Mittagessen	1 Portion Frischkäse-Pastinaken-Suppe → S. 98	Spinatrisotto → vom Vorabend	Scharfes Rindercurry → vom Vorabend	1 Portion Farfalle in Speck-Paprika-Rahm → vom Vorabend	Mais-Polenta → vom Vorabend
Snack 2	2 hartgekochte Eier	25 g Edelbitterschokolade	1 Stück Geburtstagskuchen von Kollegen	40 g Walnüsse	1 Portion Mandelquark → S. 144
Abendessen*	2 Portionen Spinatrisotto → S. 126	2 Portionen Scharfes Rindercurry → S. 120	2 Portionen Farfalle in Speck-Paprika-Rahm → S. 108	Mais-Polenta → S. 128	1 Portion Lachs-Zucchini-Pfanne → S. 140

* Am Abend kochen Sie immer zwei Portionen, um am Folgetag mittags ein warmes Essen zu haben.

Gesamtkalorien
1639 kcal

Montag

Dienstag

Gesamtkalorien
1804 kcal

158 kcal

527 kcal

563 kcal

150 kcal

406 kcal

Mittwoch

Gesamtkalorien
2120 kcal

406 kcal

550 kcal

744 kcal

280 kcal

140 kcal

Donnerstag

Gesamtkalorien
2126 kcal

429 kcal

290 kcal

744 kcal

160 kcal

503 kcal

Gesamtkalorien
1911 kcal

Freitag

503 kcal

180 kcal

439 kcal

150 kcal

639 kcal

SPECIAL: Ölsorten im Überblick

Olivenöl: Olivenöl ist ideal für mediterrane Gerichte, Salate oder zum Einlegen von Gemüse. Es gibt verschiedene Güte- und Geschmacksklassen: „Natives Olivenöl extra vergine" wird kaltgepresst und besitzt einen leichten, fruchtigen Geschmack. „Natives Olivenöl vergine" hat ebenfalls eine hohe Qualität und wird kaltgepresst. Steht nur „Olivenöl" auf dem Etikett, handelt es sich meist um eine Mischung aus kalt gepresstem und raffiniertem Olivenöl. Für Salate ist dieses Öl weniger geeignet.

Rapsöl: Es wird meist als „feines" und „kaltgepresstes" Rapsöl angeboten. Bei feinem Rapsöl werden die Rapssamen erwärmt und ausgepresst. Danach wird das Öl von Farb-, Geruchs- und Geschmacksstoffen befreit. Die Inhaltsstoffe bleiben weitestgehend erhalten und das Öl lässt sich höher erhitzen. Es ist deshalb ideal zum Anbraten von Fleisch. Kaltgepresstes Rapsöl hat ein leicht nussiges Aroma und eignet sich gut für kalte Speisen wie Salate und Dips. Rapsöl ist aus gesundheitlicher Sicht das beste Pflanzenöl, denn es verfügt über eine optimale Zusammensetzung der Fettsäuren.

Kürbiskernöl: Das dunkle, etwas dickflüssige Öl wird aus gerösteten Kürbiskernen hergestellt. Traditionell werden dazu die Kerne des steirischen Ölkürbis verwendet. Für Salate und zum Verfeinern von Speisen wie z. B. Rührkuchen bietet dieses Öl eine besondere Note.

Walnussöl: Dieses hochwertige Pflanzenöl wird kaltgepresst. Es besitzt einen sehr intensiven Geschmack und eignet sich hervorragend für Blattsalat, Feldsalat und sogar süße Speisen wie Nusskuchen. Das Öl wird sehr schnell ranzig und sollte deshalb nur in geringen Mengen gekauft werden.

Die Einkaufsliste für den Wochenplan

Die Mengenangaben und Portionen beziehen sich auf eine Person. Wenn Sie für Ihre Familie komplett mitkochen, passen Sie die Mengen einfach entsprechend an. Die Rezepte berechnen Sie immer nach den Angaben der Portionen im Wochenplan!

Gemüse

- 200 g Kartoffeln
- 1 Pastinake
- 1 Karotte
- 2 kleine Zucchini
- 1 Paprika
- 1 kleine Avocado
- 250 g Tiefkühlspinat oder frischer Spinat
- 4 Schalotten
- 2 kleine Zwiebeln
- 3 Knoblauchzehen
- 1 Chilischote
- 400 g Tomaten (stückig, Dose)
- 1 kleine Dose Mais (etwa 200 g)
- 100 g Tiefkühlerbsen
- ½ Bund frische Minze
- ¼ Bund Rucola

Obst

- 1 Banane
- 1 Apfel
- 2 Stück Obst nach Wahl (z. B. Birne, Orange)
- 200 g Beeren (Erdbeeren oder Himbeeren, frisch oder tiefgekühlt). Tiefgefrorene Beeren können mit krankmachenden Keimen belastet sein, deshalb immer auf etwa 90 Grad erhitzen!
- 2 Zitronen

Teigwaren, Brot, Getreide

- 200 g Farfalle-Nudeln
- 3 Scheiben Brot (etwa 130 g) oder 1 Brötchen + 1 Scheibe Brot
- 7 EL Haferflocken
- 150 g Risottoreis (Rundkornreis)
- 1 EL geschrotete Leinsamen
- 1 TL Mehl

Mein Wochenplan für eine gesamte Woche erfordert nur einen Großeinkauf!

Nüsse, Hülsenfrüchte

- 130 g Walnüsse
- 25 g Nussmischung (Mandel, Kokos, Hasel, etc.)
- 1 EL gemahlene Mandeln
- 250 g Kichererbsen (Dose)

Milchprodukte

- 100 g Parmesan
- 25 g Bergkäse
- 500 g Magerquark
- 150 g Naturjoghurt, 3,8 % Fett
- 200 g körniger Frischkäse
- 100 g Frischkäse
- 100 g Feta
- 600 ml Milch, 3,8 % Fett
- 100 ml Buttermilch
- 100 ml Sahne
- 40 g Butter

Fleisch, Wurst, Fisch, Eier

- 200 g Rinderhackfleisch
- 50 g durchwachsener Speck
- 175 g Lachsfilet
- 2 Eier

Sonstiges:

- 80 g Honig
- 1 TL Zucker
- 3 Amarettinikekse
- 20 ml Apfelsaft
- 25 g Edelbitterschokolade
- 1 EL Kakaopulver
- 1 Beutel Früchtetee
- 4 EL Rapsöl
- 1 EL Olivenöl
- 1 EL Walnussöl
- 1 TL Leinöl
- 1 TL Senf
- 2 EL Tomatenmark
- 1 EL Balsamico-Essig
- 2 EL Apfelessig
- 2 EL Currypaste
- 1 EL Mineralwasser
- Gemüsebrühe ohne Zusatzstoffe
- Majoran, Muskat, Zimt
- Salz, Pfeffer
- 3 x 1 Bund frische Kräuter oder Tiefkühlkräutermischung (Schnittlauch, Kresse, etc.)
- 1 x 1 Bund frische Kräuter oder Tiefkühlkräutermischung (Oregano, Basilikum, Thymian)

Meine besten Rezepte für Ihren Job

FRÜHSTÜCK

Proteinkick mit Walnüssen

Heißhunger entsteht durch Kohlenhydrate, die unseren Blutzuckerspiegel schnell erhöhen (z. B. Toastbrot mit Marmelade) und auch schnell wieder in den Keller treiben. Deshalb: mehr Eiweiß zum Tagesstart – und das 10-Uhr-Loch ist Geschichte!

Info
Leinöl ist der absolute Spitzenreiter unter den Ölen – es ist mit rund 60 Prozent α-Linolensäure ein hochwertiger und effektiver Entzündungshemmer. Verwenden Sie Leinöl in kalten Speisen und mindestens 1 EL täglich. Frisches Leinöl in kleinen Flaschen kaufen und zügig verbrauchen – dann wird das Öl auch nicht bitter!

Zutaten für 2 Portionen

- 1 TL Zucker
- 3 EL grob gehackte Walnüsse
- 1 Banane
- 250 g Magerquark
- 2 EL Haferflocken
- 1 TL Leinöl
- 1 EL Kakaopulver (stark entölt)
- 1 TL Honig
- 1 EL Mineralwasser

Zubereitung

1 In einer kleinen Pfanne den Zucker erhitzen, die Walnüsse dazugeben und leicht karamellisieren. Die Banane in Scheiben schneiden und in eine Schüssel geben.

2 Magerquark, Haferflocken, Leinöl, Kakaopulver, Honig und Mineralwasser in die Schüssel geben und vermengen. Das Müsli in zwei Frühstücksschalen füllen und die karamellisierten Walnüsse darüber verteilen.

Zubereitungszeit: 10 Minuten
Nährwerte pro Portion:
1573 kJ/371 kcal, 19 g Eiweiß,
29 g Kohlenhydrate, 19 g Fett

Apfel-Zimt-Joghurt

Selfmade-Joghurt ohne Zuckerschock, Fruktose-Glukose-Sirup, künstliche Aromen und Farbstoffe!

Zutaten für 3 Portionen

2 Äpfel
1 EL Butter
1 EL Puderzucker
Zimt nach Belieben
500 g Naturjoghurt (3,8 % Fett)

Zubereitung

1 Die Äpfel reinigen, würfeln und mit etwas Butter, Puderzucker und Zimt in einer Pfanne etwa 5 Minuten auf niedriger Stufe dünsten.
2 Nun die Äpfel mit dem Joghurt vermengen.

Zubereitungszeit: 12 Minuten
Nährwerte pro Portion:
903 kJ/216 kcal, 9 g Eiweiß,
24 g Kohlenhydrate, 9 g Fett

Tipp
Kann auf Vorrat im Kühlschrank aufbewahrt werden.

Overnight-Oats

Sorgen für eine gute Verdauung und gute Sättigung

Zutaten für 2 Portionen

1 Tasse Haferflocken
1,5–2 Tassen Flüssigkeit (Kuh-, Soja-, Mandel-, Kokosmilch oder Wasser)
2 Stücke Obst
2 EL Mandel-, Kokos- oder Nussraspeln
etwas Honig nach Belieben

Zubereitung

1 Am Abend die Haferflocken mit der Flüssigkeit aufgießen, abdecken und über Nacht im Kühlschrank ziehen lassen.
2 Am nächsten Morgen das Obst in Würfel schneiden und mit den Nussraspeln zu den Haferflocken geben. Eventuell mit etwas Honig süßen und alles vermengen.

Zubereitungszeit: 10 Minuten
Nährwerte pro Portion:
1801 kJ/429 kcal, 15 g Eiweiß,
55 g Kohlenhydrate, 14 g Fett

Selfmade-Müsli auf Vorrat

Zutaten für 15 Portionen

300 g Haferflocken (kernig oder blütenzart)
100 g geschroteter Leinsamen
100 g gepuffter Dinkel
300 g gemischte Nüsse
100 g Trockenfrüchte (nicht geschwefelt)

Zubereitung

1 Für den schnellen Einsatz am Morgen: Die Zutaten einfach vermengen, in eine Vorratsbox füllen, kühl und trocken lagern.

2 Kombiniert mit Naturjoghurt, Quark oder Milch, vielleicht auch Obst nach Geschmack, haben Sie ein schnelles und sättigendes Frühstück.

Zubereitungszeit: 5 Minuten
Nährwerte pro Portion:
1142 kJ/271 kcal, 8 g Eiweiß,
23 g Kohlenhydrate, 15 g Fett

Honig-Müsli

Zutaten für 2 Portionen

4 EL Walnüsse
1 Stück Obst (ca. 120 g)
4 EL Haferflocken
2 EL geschrotete Leinsamen
2 TL Honig
250 ml Milch oder Naturjoghurt (3,8 % Fett) oder Magerquark

Zubereitung

1 Walnüsse etwas zerkleinern und in einer Pfanne ohne Öl leicht rösten.

2 Obst reinigen und klein schneiden.

3 Die restlichen Zutaten miteinander vermengen und die gerösteten Walnüsse mit dem Obst untermengen.

Zubereitungszeit: 10 Minuten
Nährwerte pro Portion:
2321 kJ/550 kcal, 19 g Eiweiß,
40 g Kohlenhydrate, 33 g Fett

Kräuterquark

Lässt sich gut vorbereiten

Zutaten für 4 Portionen

1 Bund Kräuter (z. B. Zitronenthymian, Zitronenmelisse, Schnittlauch, Petersilie)
1 kleine Knoblauchzehe
½ Zwiebel
2 EL Rapsöl
500 g Magerquark
Salz, Pfeffer

Zubereitung

1 Die Kräuter waschen, trocken schütteln und fein hacken. Zwiebel und Knoblauch fein schneiden.

2 Das Rapsöl in einer Pfanne leicht erhitzen, die Zwiebel und den Knoblauch hinzugeben und etwas glasig dünsten. Die Kräuter unterheben und *sehr kurz* mitdünsten.

3 Den Quark in eine Schüssel geben und den heißen Inhalt der Pfanne unterheben. Mit Salz und Pfeffer abschmecken und abkühlen lassen. Nach 30 Minuten in eine verschließbare Plastikbox geben, in den Kühlschrank stellen und dort zum Verzehr aufbewahren.

Zubereitungszeit: 15 Minuten
Nährwerte pro Portion:
686 kJ/162 kcal, 16 g Eiweiß,
7 g Kohlenhydrate, 8 g Fett

Tipp

Die Kräuter enthalten ätherische Öle, die bei leichtem Erhitzen freigesetzt werden und sich dann besser mit der Quarkmasse verbinden. Zwiebel und Knoblauch in roher Form werden ohne Erhitzen bei der Lagerung des Quarks bitter.

Schinken-Frischkäse-Aufstrich

Herzhaft-lecker auf einem Brot oder Brötchen!

Zutaten für 3 Portionen

- 2 EL frische Kräuter nach Belieben
- 1 Schalotte
- 1 Scheibe Kochschinken
- 3 EL Frischkäse
- Salz, Pfeffer

Zubereitung

1 Kräuter waschen, trocken schütteln und fein hacken. Schalotte reinigen, schälen und sehr fein würfeln. Schinken sehr fein schneiden.

2 Alles zusammen in eine Schale geben und den Frischkäse unterrühren. Den Aufstrich mit Salz und Pfeffer abschmecken.

Zubereitungszeit: 10 Minuten
Nährwerte pro Portion:
349 kJ/83 kcal, 5 g Eiweiß,
2 g Kohlenhydrate, 6 g Fett

Tipp
Besonders lecker schmeckt der Aufstrich mit herzhaftem Vollkornbrot.

Für Frühstücksmuffel – die Turbovariante

Frühstücks-beerenshake

Vitamine und Mineralstoffe to go im Shaker – das schnelle Frühstück für Bus, Bahn und Auto!

Zutaten für 2 Personen

- 300 g Beeren (frisch oder TK)
- 1 Karotte
- ¼ Bund Minze
- 1 EL Leinöl
- 1 EL Honig
- etwas Ingwerabrieb nach Belieben
- 300 ml Wasser

Zubereitung

Alle Zutaten in den Mixer geben, sehr fein mixen und genießen.

Zubereitungszeit: 7 Minuten
Nährwerte pro Portion:
656 kJ/158 kcal, 2 g Eiweiß,
19 g Kohlenhydrate, 8 g Fett

Buttermilch-Zitronen-Shake

Sättigend durch die Proteindosis im Quark und in der Buttermilch

Zutaten für 1 Portion

- 100 ml kalter Früchtetee
- 100 g Beeren (frisch oder TK)
- 100 g Magerquark
- 100 g Buttermilch
- ½ TL Bio-Zitronenabrieb

Zubereitung

1 Früchtetee kochen und kalt stellen.
2 Alle Zutaten in einer Küchenmaschine oder mit dem Pürierstab fein mixen.

Zubereitungszeit: 7 Minuten
Nährwerte pro Portion:
562 kJ/129 kcal, 14 g Eiweiß,
14 g Kohlenhydrate, 1 g Fett

Brot selbst backen am Wochenende – als Vorrat für die Arbeitswoche

Auch Scheibenweise zum Einfrieren geeignet

Walnuss-Quark-Brot

Am Wochenende vorbereiten – gute Balance für eine lange Sättigung im Arbeitsalltag durch die richtige Mischung aus Protein, Fett und Kohlenhydraten!

Zutaten für 14 Scheiben

- 100 g Walnusskerne
- 20 g geschrotete Leinsamen
- 50 g gemahlene Mandeln
- 50 g Dinkelmehl, Type 812
- 200 g Magerquark
- 3 Eier
- 1 TL Natron oder Backpulver
- 1 TL Brotgewürz (z. B. Kümmel, Fenchel, Koriander)
- etwas Salz

Zubereitung

1 Walnusskerne fein hacken.

2 Alle Zutaten gut verrühren, den Teig ungefähr 10 Minuten ruhen lassen und dann in eine mit Backpapier ausgelegte Kastenform (225 x 135 x 60 mm) einfüllen.

3 Bei 180 °C auf mittlerer Schiene 30 Minuten backen. Auskühlen lassen und genießen.

Zubereitungszeit: 20 Minuten
Backzeit: 30 Minuten
Nährwerte pro Scheibe:
504 kJ/120 kcal, 6 g Eiweiß,
4 g Kohlenhydrate, 9 g Fett

Info
Das perfekte Brot für eine gute Sättigung am Morgen ohne starken Blutzuckeranstieg: Hochwertige Fettsäuren aus den Walnüssen, hochwertiges Eiweiß durch die Getreide-Ei-Kombination und ausreichend Ballaststoffe durch die Leinsamen und das Dinkelmehl.

Vitalbrot

Zutaten für 15 Scheiben

50 g geschroteter Leinsamen
100 g grob gehackte Walnüsse
50 g gemahlene Mandeln
120 g Kleinblatt-Haferflocken
50 g Flohsamenschalen
2 EL Honig
2 EL Rapsöl
1 TL Salz
400 ml lauwarmes Wasser

Zubereitung

1 Alle Zutaten in eine gefettete Kastenform (22,5 x 13,5 x 6 cm) füllen und gut vermengen.

2 Das Brot 2 Stunden zugedeckt an einem warmen Ort ruhen lassen.

3 Dann bei 180 °C auf mittlerer Schiene im Ofen 20 Minuten backen. Das Brot aus der Form nehmen und 40 Minuten bei 180 °C auf mittlerer Schiene fertigbacken.

Zubereitungszeit: 15 Minuten
Quellzeit: 2 Stunden
Ofenzeit: 1 Stunde
Nährwerte pro Scheibe:
575 kJ/137 kcal, 4 g Eiweiß,
7 g Kohlenhydrate, 10 g Fett

Mandel-Knäcke-Taler

Super für herzhafte und süße Aufstriche

Zutaten für 6 Taler

4 Eiweiß
1 Messerspitze Salz
50 g Dinkelmehl, Type 830
100 g gemahlene Mandeln
10 g Leinsamen
1 Päckchen Backpulver
¼ TL getrockneter Majoran
2–3 EL heißes Wasser
Kürbis- und/oder Sonnenblumenkerne zum Bestreuen

Zubereitung

1 Backofen auf 175 °C vorheizen.

2 Das Eiweiß mit dem Salz steif schlagen.

3 Dinkelmehl, gemahlene Mandeln, Leinsamen, Backpulver und Thymian in einer hohen Schüssel mischen. Das Eiweiß unterheben und das heiße Wasser unter Rühren (am besten mit Knethacken) Löffel für Löffel dazugeben, bis eine breiige Masse entsteht.

4 Aus der Masse sechs gleichmäßige Kreise auf ein Backblech mit Backpapier gießen. Mit den Kernen etwas bestreuen und 30 Minuten bei 175 °C auf mittlerer Schiene backen.

Zubereitungszeit: 20 Minuten
Backzeit: 30 Minuten
Nährwerte pro Taler:
598 kJ/143 kcal, 7 g Eiweiß,
6 g Kohlenhydrate, 10 g Fett

MITTAGSPAUSE

Turbo-Aufstriche als Alternativen zum Wurst- und Käsebrot!

Tomaten-Rucola-Aufstrich

Nicht nur für die Arbeit lecker, auch zum Überbacken auf Baguette ein leckeres Abendessen, dazu ein Salat!

Zutaten für 4-6 Portionen

¼ Bund Rucola
1 Bund Kräuter (z. B. Oregano, Basilikum, Thymian)
2 EL Frischkäse
2 EL Tomatenmark
1 EL Balsamico-Essig
50 g Parmesan, gerieben
Salz, Pfeffer

Zubereitung

1 Rucola und die Kräuter waschen, trocken tupfen und hacken. Frischkäse, Tomatenmark, Kräuter, Balsamico-Essig und geriebenen Parmesan in einer Schüssel vermengen.

2 Den Aufstrich auf Vesperbrote verteilen, die Brote zusammenklappen.

Zubereitungszeit: 10 Minuten
Nährwerte pro Portion:
224 kJ/53 kcal, 3 g Eiweiß,
2 g Kohlenhydrate, 4 g Fett

Käse-Walnuss-Creme

Zutaten für 10 Portionen

- 1 Bund Kräuter (z. B. Kresse, Schnittlauch, Majoran)
- 4 Backpflaumen
- 50 g würziger Bergkäse
- 50 g Walnüsse
- 150 g Frischkäse
- 1 Spritzer Zitronensaft
- ½ TL Bio-Zitronenabrieb
- Salz, Pfeffer

Zubereitung

1 Die Kräuter waschen, trocken schütteln und fein schneiden. Die Backpflaumen sehr fein würfeln, den Bergkäse sehr fein in eine Schüssel reiben. Die Walnüsse sehr klein hacken, mit dem Frischkäse, den Kräutern und den Backpflaumenwürfeln in die Schüssel geben.

2 Mit dem Zitronensaft und dem Zitronenabrieb versehen und alles miteinander vermischen. Mit wenig Salz und Pfeffer abschmecken.

Zubereitungszeit: 10 Minuten
Nährwerte pro Portion:
213 kJ/51 kcal, 4 g Eiweiß,
3 g Kohlenhydrate, 2 g Fett

Feta-Kichererbsen-Aufstrich

Zutaten für 4 große oder 10 kleine Portionen

- 80 g Kichererbsen
- 1 Handvoll Basilikum
- 1 Handvoll Petersilie
- 1 kleine Knoblauchzehe
- 30 g schwarze Oliven
- 2 EL Olivenöl
- 200 g Feta
- 1 EL Honig
- 1 EL Tomatenmark
- Pfeffer, Salz

Zubereitung

1 Die Kichererbsen kochen oder aus der Dose abtropfen lassen.

2 Basilikum und Petersilie waschen und trocken schütteln. Knoblauch fein schneiden. Oliven abtropfen lassen.

3 Öl mit Kichererbsen, Feta, Honig, Knoblauch, Oliven, Tomatenmark und den Kräutern mischen, mit Pfeffer und Salz leicht würzen und fein pürieren. Abschmecken.

Zubereitungszeit: 10 Minuten
Nährwerte pro Portion bei 10 Portionen:
427 kJ/102 kcal, 3 g Eiweiß,
2 g Kohlenhydrate, 41 g Fett

Guacamole

Die schnelle Abwechslung zum üblichen Wurst- oder Käsebrot! Und ohne Knoblauch absolut bürotauglich.

Zutaten für 4 große oder 10 kleine Portionen

2 Avocados
etwas Zitronensaft
Pfeffer, Salz
50 g Frischkäse

Zubereitung

1 Die Avocados halbieren und entsteinen. Das Fruchtfleisch mit einem Esslöffel herausnehmen und mit einer Gabel in einer kleinen Schüssel zerdrücken.

2 Mit dem Zitronensaft, Salz und Pfeffer würzen. Mit dem Frischkäse vermengen und abschmecken.

Zubereitungszeit: 5 Minuten
Nährwerte pro Portion bei 10 Portionen:
244 kJ/58 kcal, 1 g Eiweiß,
1 g Kohlenhydrate, 5 g Fett

Salate to go

Apfel-Karotten-Walnuss-Salat

Ein Mix aus hochwertigem Öl, Nüssen und Carotin, dem Farbstoff der Karotte – damit sind Sie leistungsfähig im Arbeitsalltag.

Zutaten für 4 Portionen

- 5 EL Apfelessig
- 50 ml naturtrüber Apfelsaft
- Salz, Pfeffer
- 4 EL Walnussöl
- 1 EL Honig
- 100 g Walnüsse
- 3 Äpfel (Golden Delicious)
- 4 Karotten
- 100 g Bergkäse

Zubereitung

1 Apfelessig und Apfelsaft mit Salz und Pfeffer verrühren, sodass sich das Salz gut im Essig löst. Walnussöl und Honig hinzufügen und unterrühren. Walnüsse grob hacken und in einer Pfanne ohne Öl leicht rösten – danach in die Marinade geben.

2 Währenddessen die Äpfel und Karotten reinigen. Bei den Äpfeln das Kerngehäuse entfernen. Karotten grob raspeln und die Äpfel halbieren, vierteln und aus den Vierteln dünne Spalten schneiden.

3 Den Bergkäse, je nach Vorliebe, in grobe Streifen raspeln oder in feine Würfel schneiden.

4 Alle Zutaten in einer großen Schüssel mit der Marinade vermengen.

Zubereitungszeit: 15 Minuten
Nährwerte pro Portion:
2207 kJ/527 kcal, 12 g Eiweiß,
24 g Kohlenhydrate, 42 g Fett

Salatdressing leicht gemacht

Mit etwas Zeiteinsatz lassen sich tolle Salatkreationen zaubern. Als Grundsauce eignet sich eine Vinaigrette. Sie besteht aus 1 Teil Essig und 2 bis 3 Teilen Öl sowie Salz und Pfeffer. Das Salz wird in Essig gelöst. Das Öl kommt dazu, etwas Pfeffer und eine Prise Zucker zum Abrunden. Durch die Zugabe von Senf, Meerrettich, frischen Kräutern und Gewürzen kann die Vinaigrette je nach Geschmack abgewandelt werden.

Der schlanken Linie zuträglicher ist ein selbst gemachtes Dressing aus frischem Naturjoghurt, saurer Sahne oder Buttermilch. Durch den Einsatz der Milchprodukte können Sie auf Öl nahezu verzichten. Tipp: Als Austausch von Öl eignet sich Mineralwasser mit Kohlensäure hervorragend. Durch die Kohlensäure schmeckt das Dressing schön frisch und ist trotzdem sehr fettarm.

Schritt für Schritt zum schmackhaften und schlankem Dressing

2–3 EL Essig oder Zitronensaft mit Pfeffer, Salz und einer Prise Zucker vermengen und mischen, bis sich das Salz und der Zucker auflösen. Bei 2 Portionen 1 EL Öl, bei 4 Portionen 2 EL Öl zum Essig geben und weiter mischen. Es sollte eine sämige Konsistenz entstehen. Alle Zutaten müssen dieselbe Temperatur haben.

Damit haben Sie eine gute Grundbasis für ein leckeres Dressing, das Sie jetzt noch weiter ausbauen können. Zwiebeln, Knoblauch, Senf, Meerrettich und vor allem frische Kräuter eignen sich bestens dazu. Aber auch Joghurt, saure Sahne und sogar Weichkäse sind gut geeignet. Zum Mixen der Zutaten eignen sich übrigens leere Schraubgläser mit Deckel.

Die Menge können Sie je nach Portionenzahl verändern. Wichtig ist dabei immer die Einhaltung des richtigen Mischverhältnisses.

Mozzarella sizilianisch

Zutaten für 4 Personen

- 50 g schwarze Oliven ohne Stein
- 1 Chilischote
- 50 g getrocknete Tomaten
- 2 EL Olivenöl
- 1 TL Honig
- 1 Handvoll frische Kräuter
- Pfeffer
- ½ Zitrone
- 2 Kugeln Mozzarella

Zubereitung

1 Oliven, Chilischote und getrocknete Tomaten sehr fein schneiden.

2 Olivenöl, Honig, Kräuter, Pfeffer und 1 EL Zitronensaft in eine Schüssel geben und vermischen. Die fein geschnittenen Tomaten, Chili und Oliven in die Schüssel geben und alles gut vermengen.

3 Den Mozzarella würfeln, dazu geben, untermischen und etwa 10 Minuten marinieren.

4 Auf einer Platte verteilen und ein Stück Vollkorn-Baguette dazu servieren.

Zubereitungszeit: 20 Minuten
Nährwerte pro Portion:
1408 kJ/337 kcal, 11 g Eiweiß,
4 g Kohlenhydrate, 31 g Fett

Schneller Rettichsalat

Was mache ich mit einem großen weißen Rettich? Hier kommt die leckere Antwort mit vielen Ballaststoffen für eine gute Sättigung und sekundären Pflanzenstoffen als Zellschutz.

Zutaten für 2 Portionen

- 3 EL Apfelessig
- Salz, Pfeffer
- 1 TL Senf
- ½ TL Honig
- 30 g Frischkäse
- 1 EL Walnussöl
- 500 g weißer Rettich

Zubereitung

1 Apfelessig mit Salz, Pfeffer, Senf, Honig und Frischkäse verrühren. Das Walnussöl dazugeben und sehr gut vermischen.

2 Den Rettich reinigen, schälen und grob raspeln, mit dem Dressing gut vermengen.

Zubereitungszeit: 15 Minuten
Nährwerte pro Portion:
594 kJ/142 kcal, 5 g Eiweiß,
8 g Kohlenhydrate, 9 g Fett

Mediterraner Spargelsalat mit Erdbeeren

Zutaten für 2 Portionen

400 g Spargel
1 Bund Basilikum
200 g Erdbeeren
Salz, Pfeffer
2–3 EL Balsamico
2 EL Olivenöl
75 g Parmesan

Zubereitung

1 Spargel schälen und bissfest kochen.
2 Basilikum reinigen und grob schneiden, die Erdbeeren reinigen und vierteln. Mit Pfeffer, Salz und dem Balsamico sowie 2 EL Olivenöl vermengen.
3 Spargel in mundgerechte Stücke scheiden, den Parmesan grob hobeln und alles mit der Marinade vermengen.

Zubereitungszeit: 25 Minuten
Nährwerte pro Portion:
1575 kJ/376 kcal, 16 g Eiweiß,
14 g Kohlenhydrate, 27 g Fett

Kichererbsensalat

Das Eiweiß hat durch die Mischung von pflanzlichem Eiweiß aus den Kichererbsen mit dem tierischem Eiweiß aus dem Schafskäse eine gute Wertigkeit für Muskel-, Hormon- und Enzymbildung.

Zutaten für 1 Portion

100 g Kichererbsen (Dose)
100 g Feta
20 g Schnittlauch
1 EL Apfelessig
Salz, Pfeffer
1 Prise Zucker
1 EL Walnussöl

Zubereitung

1 Kichererbsen aus der Dose nehmen und abspülen.
2 Feta zerbröseln und mit den Kichererbsen in eine Schüssel geben. Schnittlauch in Röllchen geschnitten zufügen.
3 Apfelessig mit 1 Esslöffel Wasser, Salz, Pfeffer und einer Prise Zucker verrühren.
1 EL Walnussöl zufügen und verrühren. Das Dressing über den Salat geben und vermengen. Den Salat etwas ziehen lassen.

Zubereitungszeit: 15 Minuten
Nährwerte pro Portion:
1938 kJ/463 kcal, 21 g Eiweiß,
28 g Kohlenhydrate, 28 g Fett

Warmer Bulgur-Tomaten-Olivensalat

Zutaten für 4 Personen

250 g Bulgur
1 Knoblauchzehe
1 Gemüsezwiebel
30 Cocktailtomaten
1 EL Rapsöl
2 EL Olivenöl
4 EL Ajvar (Paprikapaste)
Salz, Pfeffer
100 g schwarze Oliven
1 Handvoll frische Kräuter nach Belieben

Zubereitung

1 Den Bulgur mit 500 ml kochendem Salzwasser in einem Topf übergießen. Den Deckel auf den Topf legen und etwa 20 Minuten ruhen lassen.
2 In der Zwischenzeit den Knoblauch und die Zwiebel würfeln. Die Cocktailtomaten halbieren oder vierteln.
3 Das Oliven- und das Rapsöl mischen und in einer Pfanne erhitzen. Zwiebeln und Knoblauch darin glasig dünsten. Ajvar hinzufügen und kurz mitdünsten.
4 Den Bulgur untermischen und mit Salz und Pfeffer abschmecken.
5 Die Oliven in Würfel schneiden, die frischen Kräuter hacken und beides mit den Cocktailtomaten untermischen.

Zubereitungszeit: 25 Minuten
Nährwerte pro Portion:
1874 kJ/445 kcal, 10 g Eiweiß,
51 g Kohlenhydrate, 22 g Fett

FEIERABEND

UND EINE ZUSATZPORTION FÜR IHRE MITTAGSPAUSE AM NÄCHSTEN TAG

Suppen und Eintöpfe für die Familie und für Ihre Mittagspause

Minestrone mit Tiefkühl-gemüse

Tiefkühlgemüse ist für alle Gerichte eine super Alternative! Einfach die Gemüsemenge durch Tiefkühlgemüse 1 zu 1 ersetzen – ideal für die schnelle After-Work-Küche! Im Tiefkühlgemüse sind in der Regel sogar mehr Vitamine enthalten als in der Frischware.

Zubereitungszeit: 20 Minuten
Nährwerte pro Portion:
1119 kJ/268 kcal, 10 g Eiweiß,
18 g Kohlenhydrate, 16 g Fett

Zutaten für 4 Portionen

- 1 Zwiebel
- 800 g TK-Suppengemüse
- 2 EL Rapsöl
- 750 ml Gemüsebrühe
- 1 EL Tomatenmark
- Salz, Pfeffer
- 50 g Suppennudeln
- 50 g geriebener Käse (eventuell Parmesan)

Zubereitung

1 Die Zwiebel schälen, klein schneiden und in Rapsöl andünsten.
2 Tiefkühlgemüse dazugeben und weiterdünsten.
3 Gemüsebrühe, Tomatenmark und Gewürze dazugeben und gut abschmecken.
4 Die Nudeln 5 Minuten vor dem Servieren zur Minestrone geben.
5 Mit geriebenem Käse servieren.

Gemüsecreme-suppe

Mit Tiefkühlgemüse verkürzen Sie die Zubereitungszeit um etwa 30 Prozent – das lästige Reinigen, Schälen und Gemüse klein schneiden entfällt!

Zutaten für 4 Personen

200 g Kartoffeln
100 g Karotten (oder TK 250 g)
100 g Blumenkohl (oder TK 250 g)
50 g Sellerie
2 Schalotten
2 EL Rapsöl
700 ml Gemüsebrühe
100 ml Sahne
500 g Spinat (TK oder frisch)
2 Scheiben Krustenbrot
1 Bund Kräuter (z. B. Kresse, Petersilie, Majoran)
Salz, Pfeffer
1 EL Kürbiskernöl
Kerbel zum Bestreuen

Zubereitung

1 Kartoffeln, Karotten, Blumenkohl, Sellerie und Schalotten putzen und schälen, alles würfeln. In einem Topf mit dem Rapsöl andünsten. Gemüsebrühe und Sahne dazugießen. Zugedeckt bei mittlerer Hitze 10 Minuten kochen.

2 Den Spinat putzen und grob zerschneiden oder den Tiefkühlspinat verwenden, in den Topf geben.

3 Das Krustenbrot in Streifen schneiden. Die Suppe pürieren, die Kräutermischung dazugeben. Nochmals kurz erhitzen, nicht kochen.

4 Mit Salz, Pfeffer und Kürbiskernöl abschmecken. Kerbel abzupfen, in die Suppe auf dem Teller geben. Mit dem Krustenbrot servieren.

Zubereitungszeit: 25 Minuten
Nährwerte pro Portion:
1479 kJ/354 kcal, 9 g Eiweiß,
23 g Kohlenhydrate, 23 g Fett

Tipp

Via QR-Code zeigt Ihnen Sven, wie leicht Sie eine Gemüsebrühe selbst herstellen können – ganz ohne Zusatzstoffe!

Frischkäse-Pastinaken-Suppe

Natürliche Zutaten für eine leichte Verdauung. Wir benötigen bei allen Rezepten im Buch keine Zusatzstoffe und Aromen!

Zutaten für 2 Portionen

200 g Kartoffeln
1 große Pastinake
300 ml Gemüsebrühe
½ TL Majoran, getrocknet oder 10 g frisch
200 g körniger Frischkäse
Salz, Pfeffer
1 Handvoll frische Kräuter

Zubereitung

1 Kartoffeln schälen und in feine Würfel schneiden. Pastinake putzen, waschen und würfeln. Das Gemüse in einen Topf geben und mit der Gemüsebrühe aufgießen, mit Majoran würzen und 15 Minuten bei geschlossenem Deckel garen.

2 Mit einem Pürierstab etwas pürieren, sodass die Suppe leicht sämig wird. Den Frischkäse unterziehen, die Suppe dabei nicht mehr kochen lassen. Mit Salz und Pfeffer abschmecken. Im Teller mit frischen Kräutern garnieren.

Zubereitungszeit: 20 Minuten
Nährwerte pro Portion:
1061 kJ/255 kcal, 15 g Eiweiß,
28 g Kohlenhydrate, 7 g Fett

Linsensuppe vegan

Zutaten für 3 Portionen

1 Zwiebel
1 Karotte
2 TL Kreuzkümmel
2 EL Olivenöl
5 Trockenaprikosen
250 g rote Linsen
750 ml Gemüsebrühe
1 Knoblauchzehe
2 TL Thymian, getrocknet
1 Dose gewürfelte Tomaten

Zubereitung

1 Zwiebel und Karotte schälen, würfeln und mit dem Kreuzkümmel in 1 Esslöffel Olivenöl anbraten.
2 Trockenaprikosen fein schneiden und mit den Linsen zugeben, 750 ml Gemüsebrühe auffüllen und 20 Minuten köcheln lassen.
3 Währenddessen den Knoblauch fein würfeln und mit dem Thymian im restlichen Olivenöl anbraten. Tomaten zugeben und einkochen lassen, dann unter die Linsen ziehen, mit Salz abschmecken und weitere 10 Minuten ziehen lassen, dann servieren.

Zubereitungszeit: 25 Minuten
Nährwerte pro Portion:
2235 kJ/531 kcal, 25 g Eiweiß,
64 g Kohlenhydrate, 17 g Fett

Info
Linsen sind sehr gesund. Bei niedrigem Fettgehalt bringen sie viel Eiweiß und Kohlenhydrate mit. Daneben sind sie auch noch reich an B-Vitaminen und damit ein super Brainfood für Berufstätige.

Wintereintopf

Ballaststoffe für eine gute Sättigung und eine ausgewogene Darmflora. Der Eintopf lässt sich gut mitnehmen und am Arbeitsplatz erwärmen.

Zutaten für 2 Personen

2 Zwiebeln
½ Stange Porree
1 EL Rapsöl
½ EL Zucker
1 EL scharfes Paprikapulver
400 ml Gemüsebrühe (eventuell etwas mehr)
250 g Sauerkraut
2 EL Ajvar
Salz, Pfeffer
40 g Cabanossi
½ Bund frischer Schnittlauch
150 g saure Sahne

Zubereitung

1 Zwiebeln schälen, halbieren, in dünne Scheiben schneiden. Porree putzen, waschen und in feine Ringe schneiden. Beides in heißem Öl glasig dünsten. Zucker und Paprikapulver darüber streuen und kurz anschwitzen.

2 Mit der Brühe auffüllen und Sauerkraut und Ajvar unterrühren. Mit Salz und Pfeffer würzen und zugedeckt bei milder Hitze 10 Minuten garen.

3 Cabanossi in Scheiben schneiden, zugeben und nochmals 5 Minuten kochen lassen.

4 Schnittlauch in Röllchen schneiden und mit der sauren Sahne, Salz und Pfeffer verrühren.

5 Den Eintopf abschmecken, in Suppenschalen füllen und die Schnittlauch-Sahne daraufgeben. Fertig!

Zubereitungszeit: 25 Minuten
Nährwerte pro Portion:
1726 kJ/413 kcal, 10 g Eiweiß,
16 g Kohlenhydrate, 32 g Fett

Pasta-Gerichte für die Familie und für Ihre Mittagspause am nächsten Tag

Kürbis-Frischkäse-Pfanne

Pasta macht träge? Nicht meine Pastagerichte, denn im Arbeitsalltag benötigen wir einen klaren Kopf und kein Völlegefühl und Magendruck. Deshalb sind meine Pastarezepte verbunden mit leichten und leistungssteigernden Zutaten. Kürbiskerne, gutes Öl, Zitrone und Kräuter sorgen für den leckeren Mix.

Zutaten für 4 Portionen

300 g Hokkaidokürbis
1 kleine Zwiebel
1 Knoblauchzehe
2 EL Rapsöl
1 EL Tomatenmark
200 ml Gemüsebrühe
25 g geröstete Kürbiskerne
100 g feine Suppennudeln (z. B. Mie-Nudeln)
1 EL Thymian, getrocknet
1 Bio-Zitrone
1 EL Kürbiskernöl
200 g körniger Frischkäse
Salz, Pfeffer

Zubereitung

1 Den Kürbis waschen und fein raspeln. Zwiebel und Knoblauch schälen und fein würfeln. Beides in einem Topf im Rapsöl glasig dünsten.

2 Die Kürbisraspeln und Tomatenmark hinzugeben und in etwa 2 Minuten weich dünsten. Die Gemüsebrühe angießen und aufkochen lassen.

3 Währenddessen Kürbiskerne mit einem Messer grob hacken und in einer Pfanne leicht anrösten.

4 100 g feine Suppennudeln oder Mie-Nudeln in den Topf geben.

5 Währenddessen Zitrone abreiben (½ Teelöffel) und etwas Saft (1 Esslöffel) auspressen. Thymian, Zitronenabrieb und -saft mit dem Kürbiskernöl unter die Kürbis-Nudelmasse mengen.

6 Die Kürbismasse mit dem körnigen Frischkäse sowie den gerösteten Kürbiskernen vermischen. Mit Salz und Pfeffer abschmecken.

Zubereitungszeit: 20 Minuten
Nährwerte pro Portion:
1345 kJ/ 321 kcal, 13 g Eiweiß,
24 g Kohlenhydrate, 18 g Fett

Tomaten-Kidneysugo mit Gnocchi und Parmesan

Gnocchi aus dem Kühlregal können Sie in der Regel ohne Vorgaren in das Gericht geben! Sie benötigen keinen zweiten Topf auf dem Herd. Achten Sie beim Kauf der frischen Gnocchi auf die Zutatenliste – je kürzer, desto besser!

Zutaten für 4 Personen

3 Schalotten
1 Knoblauchzehe
1–2 Chilis
50 g Parmaschinken oder scharfe Salami
2 EL Olivenöl
1 TL Zucker
400 g bzw. ml stückige Tomaten (Dose)
240 g Kidneybohnen (Abtropfgewicht)
1 Bund mediterrane Kräuter (z. B. Basilikum, Oregano)
500 g Gnocchi (aus dem Kühlregal)
Salz, Pfeffer
etwas Parmesan

Zubereitung

1 Schalotten, Knoblauchzehe, Chilis putzen oder schälen und fein schneiden. Parmaschinken in feine Streifen schneiden.
2 2 EL Olivenöl in einem großen Topf erhitzen. Schalotten, Knoblauch, Chilis und Parmaschinken darin anbraten.
3 Nach 1 Minute den Zucker zugeben und die Zutaten karamellisieren.
4 Tomaten und Kidneybohnen dazugeben. Alles kurz und nur leicht aufkochen.
5 Kräuter reinigen und hacken. Dann Gnocchi und die mediterranen Kräuter dazugeben und nochmal kurz und leicht aufkochen.
6 Mit Salz und Pfeffer abschmecken, mit Parmesan bestreuen und servieren.

Zubereitungszeit: 20 Minuten
Nährwerte pro Portion:
1469 kJ/351 kcal, 10 g Eiweiß,
50 g Kohlenhydrate, 12 g Fett

Feuerspätzle

Zutaten für 2 Portionen

- 1 kleine Zucchini
- 10 Cocktailtomaten
- 140 g Spätzle
- 1 rote Peperoni
- 1 Knoblauchzehe
- ½ Bund Petersilie
- ½ Bund frische Kräuter (z. B. Basilikum, Estragon, Salbei)
- ¼ Zitrone
- 2 EL Olivenöl
- 1 EL Rapsöl
- Salz, Pfeffer
- 50 g Parmesan

Zubereitung

1 Zucchini und Cocktailtomaten putzen. Zucchini in feine Würfel schneiden, Cocktailtomaten halbieren.

2 Spätzle nach Packungsanweisung al dente garen.

3 Peperoni einritzen, entkernen und in dünne Streifen schneiden. Knoblauch grob würfeln. Kräuter grob hacken. Die Zitronenschale abreiben.

4 Olivenöl und Rapsöl in einer Pfanne erwärmen. Knoblauch und Peperoni zugeben und kurz andünsten. Zucchiniwürfel und Tomatenhälften in die Pfanne geben und kurz mitdünsten. Kräuter und Zitronenschale zugeben, mit Salz und Pfeffer würzen.

5 Spätzle abgießen und tropfnass in die Sauce geben. Den Parmesan reiben und untermischen, sofort servieren.

Zubereitungszeit: 15 Minuten
Nährwerte pro Portion:
2173 kJ/519 kcal, 19 g Eiweiß,
34 g Kohlenhydrate, 33 g Fett

Wirsing-Karotten-Curry

Das schmeckt nicht nur Veganern!

Zutaten für 2 Portionen

- 200 ml Gemüsebrühe
- 200 ml Kokosmilch
- 200 g Wirsing
- 1 große Karotte
- 1 Zwiebel
- 1 EL Rapsöl
- 1 gehäufter EL Currypaste oder Currypulver
- 30 g Cashewnüsse
- Salz, Pfeffer
- 100 g asiatische Instantnudeln oder feine Suppennudeln

Zubereitung

1 Gemüsebrühe und Kokosmilch verrühren.

2 Wirsing und Karotte putzen, beides in feine Streifen schneiden. Zwiebel schälen und würfeln.

3 1 EL Rapsöl in einem Topf oder Wok erhitzen. Zwiebelwürfel und Currypaste kurz dünsten, Wirsing- und Karottenstreifen bei geschlossenem Deckel 6 Minuten mitdünsten. (Wenn das Gemüse anzubrennen droht, mit etwas Gemüse-Kokosmilch ablöschen).

4 Währenddessen die Cashewnüsse grob hacken.

5 Gemüse-Kokosmilch in den Topf geben und etwa 4 Minuten bei mittlerer Hitze dünsten. Mit Salz und Pfeffer würzen.

6 Instantnudeln in den Topf geben und alles vermengen, kurz aufkochen. 4 Minuten bei geschlossenem Deckel ohne Hitzezufuhr ziehen lassen, abschmecken und mit den gehackten Cashewnüssen servieren.

Zubereitungszeit: 20 Minuten
Nährwerte pro Portion:
2662 kJ/640 kcal, 15 g Eiweiß,
52 g Kohlenhydrate, 34 g Fett

Weißkohl-Penne mit Emmentaler

Eine deftige Mahlzeit auch für Vegetarier!

Zutaten für 1 Portion

2 Schalotten
1 Knoblauchzehe
200 g Weißkohl (im Sommer gern Paprika, Zucchini, Brokkoli)
1 Karotte
1 EL Rapsöl
1 EL Tomatenmark
50 g Frischkäse (oder auch Schmand bzw. saure Sahne)
1 TL Currypulver
etwas Majoran, frisch oder getrocknet
etwas Muskat
60 g Penne
Salz
25 g Emmentaler, 45 % Fett i. Tr.
Pfeffer

Zubereitungszeit: 20 Minuten
Nährwerte pro Portion:
2802 kJ/669 kcal, 24 g Eiweiß,
63 g Kohlenhydrate, 32 g Fett

Zubereitung

1 Schalotten und Knoblauch schälen, klein würfeln. Weißkraut und Karotten putzen, Karotten in Scheiben und das Weißkraut in feine Streifen schneiden.

2 Öl in einem Topf erhitzen. Schalotten, Knoblauch und Tomatenmark kurz anbraten.

3 Nach etwa 2 Minuten das Kraut und die Karotten dazugeben – mit 100 ml Wasser immer wieder etwas ablöschen, damit es nicht einbrennt. Etwa 5 Minuten dünsten. Dann Frischkäse, Currypulver, Majoran und etwas Muskat in den Topf geben. Bei mittlerer Hitze 20 Minuten bei geschlossenem Topf dünsten.

4 Währenddessen die Penne in Salzwasser kochen und den Emmentaler reiben.

5 Das Weißkrautgemüse mit Pfeffer und Salz abschmecken, eventuell nochmals mit Curry und Majoran.

6 Penne mit dem Weißkrautgemüse mischen und mit Emmentaler bestreut servieren.

Tipp
Mit dem restlichen Weißkohl können Sie einen Rohkostsalat herstellen. Dafür den Weißkohl fein raspeln, mit etwas Essig, Öl, Salz, Pfeffer vermengen und mindestens 3 Stunden marinieren (auch gern über Nacht). Eine süß-saure Variante mit Naturjoghurt, Essig, Honig und fein gewürfelten Äpfeln schmeckt auch super!

Vollkornnudeln mit Honig-Basilikum-Sauce

Die Zubereitung gelingt ohne Aufwand und blitzschnell!

Zutaten für 6 Portionen

- 100 g Pinienkerne
- 1 Bio-Zitrone
- 1 Topf Basilikum
- 1 rote Chilischote
- 2 Knoblauchzehen, geschält
- 100 g Parmesan, gerieben
- 2 EL Olivenöl
- 1 EL Honig
- 200 ml Gemüsebrühe
- 500 g Vollkornnudeln
- Salz
- 100 ml Sahne
- 200 ml Milch (3,8 % Fett)
- Pfeffer

Zubereitung

1 Pinienkerne in einer Pfanne ohne Öl leicht rösten. Die Zitrone auspressen. Die Basilikumblätter von den Stängeln zupfen und in einer Küchenmaschine mit Chili, Knoblauch, den Pinienkernen, dem Parmesan, Zitronensaft, Öl und Honig glatt pürieren. Eventuell etwas Gemüsebrühe zugießen.

2 Die Vollkornnudeln nach Packungsanweisung mit Salzwasser al dente kochen und warm halten.

3 Die Kräutermasse mit der Sahne, Milch und der Brühe in einem großen Topf zum Kochen bringen und 1 Minute leicht köcheln lassen. Mit Pfeffer und Salz abschmecken.

4 Die Pasta in die Sauce geben und gut vermischen.

Zubereitungszeit: 20 Minuten
Nährwerte pro Portion:
2431 kJ/582 kcal, 20 g Eiweiß,
58 g Kohlenhydrate, 28 g Fett

Farfalle in Speck-Paprika-Rahm

Zutaten für 4 Personen

- 400 g Farfalle
- Salz
- 200 g TK-Erbsen
- 1 Zucchini
- 2 Paprika
- 1 Zwiebel
- 1 Knoblauchzehe
- 100 g durchwachsener Speck
- 1 EL Rapsöl
- 100 ml Sahne
- 200 ml Gemüsebrühe
- Pfeffer
- 1 Handvoll frische Kräuter

Zubereitung

1 Farfalle in Salzwasser nach Packungsanweisung al dente kochen.

2 Inzwischen Erbsen auftauen. Zucchini und Paprika putzen und in feine Streifen schneiden. Zwiebeln, Knoblauch und den Speck würfeln.

3 Rapsöl in einer Pfanne erhitzen, Zwiebeln, Knoblauch und den Speck in der Pfanne bei mittlerer Hitze glasig anschwitzen. Das Gemüse dazugeben und etwa 3 Minuten bei mittlerer Hitze garen. Sahne und Gemüsebrühe dazugeben, salzen und pfeffern und noch etwa 1 Minute weitergaren.

4 Währenddessen die frischen Kräuter fein schneiden. Die gegarte Pasta tropfnass mit den Kräutern zur Sauce geben. Alles kurz unterheben und servieren.

Zubereitungszeit: 25 Minuten
Nährwerte pro Portion:
3114 kJ/744 kcal, 19 g Eiweiß,
82 g Kohlenhydrate, 35 g Fett

Rigatoni in Ricotta-Tomaten-Sauce

Dieses Gericht können Sie sogar problemlos in der Teeküche am Arbeitsplatz kochen!

Zutaten für 3 Personen

1 Knoblauchzehe
2 EL Olivenöl
1 kleine Dose Tomaten
100 ml Gemüsebrühe
200 g Rigatoni
Salz
100 g Ricotta
½ Bund Basilikum
Pfeffer
Chilipulver
1 TL Parmesan, gerieben

Zubereitung

1 Knoblauch in Scheiben schneiden und in einer Pfanne im erhitzten Olivenöl anschwitzen. Dosentomaten zufügen, Gemüsebrühe zugießen und bei mittlerer Hitze 12 Minuten köcheln lassen.

2 Rigatoni in Salzwasser nach Packungsanweisung al dente kochen.

3 Tomatensauce pürieren und die zerpflückten Basilikumblättchen und den Ricotta dazugeben und vermischen. Nicht mehr kochen!

4 Mit Salz, Pfeffer und Chilipulver abschmecken und mit den Nudeln vermischen. Mit Parmesan bestreut servieren.

Zubereitungszeit: 20 Minuten
Nährwerte pro Portion:
1848 kJ/442 kcal, 17 g Eiweiß,
54 g Kohlenhydrate, 16 g Fett

Estragon-Zitronen-Pasta mit Geflügelfilet

Zutaten für 6 Portionen

500 g Pasta nach Wahl
Salz
200 g braune Champignons
2 kleine Karotten
3 Schalotten
1 Knoblauchzehe
4 Stiele Estragon
500 g Geflügelfilet
3 EL Rapsöl
Pfeffer
200 ml Sahne
200 ml Milch (3,8 % Fett)
1 TL Bio-Zitronenschale
1 EL Zitronensaft

Zubereitung

1 Nudeln in reichlich kochendem Salzwasser nach Packungsanweisung bissfest garen, abgießen und dabei 300 ml Nudelwasser auffangen.

2 Champignons und Karotten putzen und in Scheiben schneiden. Schalotten und Knoblauch in dünne Ringe schneiden. Estragonblättchen von den Stielen zupfen, einige für die Dekoration aufbewahren, den Rest fein schneiden. Geflügelfilet waschen, abtrocknen und in dünne Scheiben schneiden.

3 1 Esslöffel Öl in einer großen Pfanne erhitzen. Fleisch mit Salz und Pfeffer würzen und scharf anbraten. Fleisch auf einen Teller geben, Schalotten, Knoblauch, Pilze und Karotten im Bratsatz mit 2 Esslöffel Öl anbraten. Sahne, Milch und Nudelwasser zugießen und cremig einkochen.

4 Fleisch zugeben und mit dem Estragon 2 Minuten darin gar ziehen lassen. Mit Salz, Pfeffer, Zitronenschale und Zitronensaft würzen. Nudeln untermischen. Mit dem restlichem Estragon bestreut servieren.

Zubereitungszeit: 25 Minuten
Nährwerte pro Portion:
2480 kJ/592 kcal, 34 g Eiweiß,
64 g Kohlenhydrate, 21 g Fett

Radicchiopasta mit Walnüssen und Birne

Auch mit Salat kann man kochen – trauen Sie sich!

Zutaten für 4 Personen

- 1 Radicchio (ca. 300 g)
- 2 kleine Birnen
- 5 Schalotten
- 1 Handvoll Schnittlauch
- 1 Handvoll Petersilie
- 50 g Walnüsse
- 500 g Pasta nach Belieben
- Salz
- 3 EL Olivenöl
- 200 g Schmand
- Pfeffer
- 80 g Parmesan, gerieben

Zubereitung

1 Radicchio reinigen, abtrocknen und in feine Streifen schneiden. Birnen reinigen und würfeln. Die Schalotten in feine Ringe schneiden. Schnittlauch und Petersilie reinigen und hacken. Walnüsse grob hacken und in einer Pfanne (ohne Öl) rösten.

2 Pasta in Salzwasser nach Packungsanweisung al dente kochen.

3 Olivenöl erhitzen, die Schalottenringe und die Birnenwürfel anbraten (etwa 4 Minuten) und danach die Walnüsse, Schmand und klein geschnittene Kräuter dazugeben, 3 Minuten bei leichter Hitze einkochen. Mit Salz und Pfeffer würzen.

4 Nudeln abgießen und tropfnass mit den Radicchiostreifen zur Sauce geben. Vermengen und mit Parmesan bestreut servieren.

Zubereitungszeit: 20 Minuten
Nährwerte pro Portion:
3818 kJ/912 kcal, 26 g Eiweiß,
100 g Kohlenhydrate, 43 g Fett

Auberginen-Paprika-Pasta mit Hüttenkäse

Zutaten für 4 Personen

- 1 Aubergine
- 2 Paprika (rot und gelb)
- 250 g Champignons
- 2 Knoblauchzehen
- 4 Schalotten
- 2 EL Rapsöl
- 150 ml Gemüsebrühe
- 500 g Pasta nach Belieben
- Salz
- 100 g Parmesan
- Pfeffer
- 1 Handvoll Kräuter nach Belieben
- 200 g Hüttenkäse

Zubereitung

1 Auberginen, Champignons und Paprika reinigen, vorbereiten und in 2 cm große Würfel schneiden. Knoblauch und Schalotten schälen und klein schneiden.

2 Rapsöl erhitzen, Zwiebeln und Knoblauch andünsten, Gemüse dazugeben und etwa 6 Minuten mitdünsten, dann mit Gemüsebrühe ablöschen.

3 Inzwischen Pasta in Salzwasser nach Packungsanweisung al dente kochen.

4 Parmesan reiben. Gemüse mit Pfeffer, Salz und Kräutern abschmecken, 60 g Parmesan und Hüttenkäse zum Gemüse geben und vermengen.

5 Die fertige Pasta tropfnass zum Gemüse geben und vermengen. Mit restlichem Parmesan bestreut servieren.

Zubereitungszeit: 25 Minuten
Nährwerte pro Portion:
3045 kJ/727 kcal, 34 g Eiweiß,
96 g Kohlenhydrate, 20 g Fett,
21 mg Cholesterin, 11 g Ballaststoffe

Spaghetti al Olio

Leckeres Blitzgericht!

Zutaten für 4 Portionen

- 250 g Spaghetti
- Salz
- 50 ml Olivenöl
- 3 Knoblauchzehen
- 1–2 Chilischoten
- ½–1 Bund frische Kräuter (z. B. Petersilie, Majoran)
- Pfeffer
- 50 g Parmesan

Tipp
Zu Gerichten mit wenig Gemüse sollten Sie immer einen Salat oder gedünstetes Gemüse essen. Nicht mit Nudeln, Reis und Co. satt essen! Der Blutzucker steigt sonst massiv an, und das Bauchfett leider auch.

Zubereitung

1 Die Spaghetti in Salzwasser nach Packungsanweisung al dente kochen.

2 Währenddessen den Knoblauch fein schneiden und das Olivenöl in einem kleinen Topf leicht erhitzen. Den Knoblauch leicht anschwitzen. Nicht überhitzen, weil der typische Geschmack des Öls verfälscht würde und der Knoblauch sehr schnell verbrennen kann.

3 Die Chilischoten sehr klein schneiden und dazu geben.

4 Petersilie und Majoran grob hacken und ebenfalls dazu geben.

5 Die Spaghetti, wenn sie noch Biss haben, abgießen (nicht mit Wasser abschrecken!), zurück in den Topf befördern und mit der Ölsauce übergießen.

6 Vorsichtig vermengen, mit Salz und Pfeffer würzen und mit frisch geriebenem Parmesan bestreuen.

Zubereitungszeit: 15 Minuten
Nährwerte pro Portion:
1645 kJ/393 kcal, 12 g Eiweiß,
46 g Kohlenhydrate, 17 g Fett

Farfalle mit Feta und Paprika

Zutaten für 4 Portionen

50 g Pinienkerne
2 rote Paprika
2 gelbe Paprika
1 kleine Zucchini
1 Knoblauchzehe
30 g Petersilie
1 EL Olivenöl
2 EL Rapsöl
2 EL Balsamico
250 g Farfalle
Salz
150 g Feta
Nach Bedarf etwa 150 ml Gemüsebrühe

Zubereitung

1 Pinienkerne in einer Pfanne ohne Öl rösten.

2 Paprika waschen, abtrocknen, entkernen und in Streifen schneiden. Zucchini reinigen und würfeln. Knoblauch schälen und sehr fein schneiden. Petersilie grob hacken.

3 Rapsöl und Olivenöl mischen und in einer anderen Pfanne erhitzen, darin Paprika, Zucchini und Knoblauch anbraten. Mit Balsamico ablöschen und mit Salz abschmecken.

4 Farfalle nach Packungsanweisung in Salzwasser al dente kochen. Den Schafskäse in Stücke schneiden.

5 Die fertig gekochten Nudeln kurz mit Paprika, Zucchini und Knoblauch in der Pfanne schwenken. Gemüsebrühe hinzufügen und weiter schwenken.

6 Feta, Pinienkerne und Petersilie mit den Nudeln vermengen und dann servieren.

Zubereitungszeit: 20 Minuten
Nährwerte pro Portion:
2657 kJ/635 kcal, 20 g Eiweiß,
64 g Kohlenhydrate, 30 g Fett

Kräuter-Steckrüben-Pasta

Probieren Sie mal alte Gemüsesorten wie Steckrüben. Einfach wie im Rezept zubereiten: Sie werden positiv überrascht sein.

Zutaten für 1 Portion

- 200 g Steckrübe
- 25 g durchwachsener Speck
- 1 kleine Zwiebel
- 50 g Fettuccine
- Salz
- 1 EL Rapsöl
- 50 ml Gemüsebrühe
- 50 ml Milch (3,8 % Fett)
- 25 g Bergkäse
- 25 ml Sahne
- ½ TL gehackte Thymianblätter
- 1 Handvoll Kräuter nach Belieben
- Salz, Pfeffer

Zubereitung

1 Steckrübe putzen, in feine Würfel schneiden. Speck in feine Würfel schneiden. Zwiebeln hacken.

2 Fettuccine nach Packungsanweisung in Salzwasser al dente kochen.

3 Rapsöl in einer Pfanne erhitzen, Speck kurz bei mittlerer Hitze darin auslassen.

4 Inzwischen die Zwiebel würfeln, Zwiebel- und Steckrübenwürfel dazugeben, weitere 5 bis 6 Minuten bei mittlerer Hitze braten.

5 Gemüsebrühe, Milch, geriebenen Bergkäse und Sahne zu der Speck-Rüben-Mischung geben und gut vermischen. Thymianblätter und TK-Kräutermischung dazugeben und die Sauce etwa 1 Minuten kochen lassen.

6 Nudeln abgießen, mit der Sauce mischen und mit Salz und Pfeffer abschmecken.

Zubereitungszeit: 30 Minuten
Nährwerte pro Portion:
2808 kJ/671 kcal, 24 g Eiweiß,
53 g Kohlenhydrate, 38 g Fett

Schneller Wirsing mit Bergkäse

Auch lecker und sättigend ohne eine Beilage!

Zutaten für 4 Portionen

1 mittlerer Wirsing
2 Karotten
1 Zwiebel
1 Knoblauchzehe
2 EL Rapsöl
1 EL Tomatenmark
150 ml Gemüsebrühe
80 g Bergkäse
100 g Sahne oder Schmand
Salz, Pfeffer

Zubereitung

1 Die äußeren Blätter vom Wirsing entfernen und den Rest reinigen. Blätter in sehr feine Streifen schneiden. Den Strunk bis auf das holzige Ende ebenfalls sehr fein schneiden. Karotten putzen und in sehr kleine Würfel schneiden.

2 Zwiebel und Knoblauch würfeln, in einem Topf mit 2 EL Rapsöl anbraten, Tomatenmark mitbraten. Das geschnittene Gemüse dazugeben und mitdünsten. Mit etwas Gemüsebrühe ablöschen und bei geschlossenem Deckel etwa 7 Minuten bei mittlerer Hitze dünsten.

3 Bergkäse reiben.

4 Nach den 7 Minuten den Schmand dazugeben, mit dem Wirsing vermengen. Bis zur gewünschten Bissfestigkeit bei leichter Hitze weiter dünsten. Mit Salz und Pfeffer abschmecken. Mit Bergkäse bestreut servieren.

Zubereitungszeit: 30 Minuten
Nährwerte pro Portion:
983 kJ/235 kcal, 9 g Eiweiß,
14 g Kohlenhydrate, 14 g Fett

Abwechslung mit Gesundheitswert – Hülsenfrüchte

Gelbes Curry mit Minzsauce

Zutaten für 6 Personen

- 1 kg gemischtes Gemüse (frisch oder TK)
- 4 Schalotten
- 2 EL Rapsöl
- 250 g rote Linsen
- 2–3 EL gelbe Currypaste
- 400 ml Kokosmilch
- 400 ml Gemüsebrühe
- 500 g Naturjoghurt (3,8 % Fett)
- 1 Knoblauchzehe
- etwas Minze
- ½ Bio-Zitrone

Zubereitung

1 Gemüse reinigen, in 1,5 cm große Stücke schneiden. Schalotten reinigen und in Ringe schneiden.

2 Rapsöl in einem großen Topf erhitzen und die Schalottenringe glasig dünsten. Die roten Linsen und 1 EL gelbe Currypaste dazugeben und mitdünsten. Das Gemüse in den Topf geben und mitdünsten.

3 Nach etwa 3 Minuten Kokosmilch in den Topf geben und alles vermengen. 200 ml Gemüsebrühe dazugeben und etwa 8 Minuten bei mittlerer Hitze garen.

4 Restliche gelbe Currypaste unterrühren und die restliche Gemüsebrühe (nach gewünschter Konsistenz) einrühren. Das Linsencurry bei leichter Hitze mit geschlossenem Deckel ziehen lassen.

5 Währenddessen Joghurt in eine Schüssel geben, Knoblauch und Minzeblätter reinigen, fein schneiden, Saft und Abrieb einer halben Zitrone zum Joghurt geben und vermengen.

6 Eine Portion Curry in einen Teller geben und den Joghurt auf die Mitte geben.

Zubereitungszeit: 25 Minuten
Nährwerte pro Portion:
1952 kJ/468 kcal, 20 g Eiweiß,
36 g Kohlenhydrate, 25 g Fett

Linsentaler mit Zitronen-Minz-Dip

Zutaten für 2 Portionen

- 125 g rote Linsen (über Nacht einweichen)
- 1 Karotte
- 1 kleine Zwiebel
- 1 Knoblauchzehe
- Salz, Pfeffer
- Paprikapulver
- ½ Bund Kräuter (z. B. Majoran, Boretsch, Schnittlauch)
- 2 EL Olivenöl
- 100 g Frischkäse
- 125 g Magerquark
- 1 Bio-Zitrone
- Minze nach Belieben
- Salz, Pfeffer

Zubereitung

1 Karotte, Zwiebel und Knoblauch schälen und grob schneiden. Mit den eingeweichten Linsen (Einweichwasser wegschütten), Salz, Pfeffer, Paprikapulver und den Kräutern in einem hohen Gefäß fein pürieren.

2 In einer beschichteten Pfanne das Olivenöl erhitzen, aus der Linsenmasse Taler formen, im Öl goldgelb ausbraten. Währenddessen Frischkäse, Quark, etwas Zitronenabrieb und fein gehackte Minze zu einem Dip vermengen, mit Salz und Pfeffer abschmecken.

3 Die Linsentaler mit dem Dip servieren.

Zubereitungszeit: 20 Minuten
Nährwerte pro Portion:
2069 kJ/489 kcal, 30 g Eiweiß,
45 g Kohlenhydrate, 19 g Fett

Scharfes Rindercurry mit Kichererbsen

Hülsenfrüchte enthalten viele Ballaststoffe und hochwertiges pflanzliches Protein – Sie können sie ohne Bedenken aus der Dose verwenden! Auf der Zutatenliste sollten nur die Hülsenfrucht, Salz und Wasser erscheinen!

Zutaten für 4 Portionen

4 Schalotten
2 Knoblauchzehen
Chilischoten nach Belieben
3 EL Rapsöl
2–4 EL Currypaste
400 g Bio-Rinderhackfleisch
500 g Kichererbsen (Dose)
800 g Tomaten (stückig, Dose)
200 ml Gemüsebrühe
Salz, Pfeffer

Zubereitung

1 Schalotten, Knoblauch und Chili (Kerne entfernen) putzen, klein würfeln. Das Öl in einem Topf mit großem Durchmesser erhitzen. Schalotten, Knoblauch, Chili mit etwas Currypaste kurz anbraten – dann sofort das Hackfleisch dazugeben und mitbraten.

2 Die Kichererbsen abtropfen lassen. Wenn das Hackfleisch im Topf nach etwa 4 Minuten angebraten ist, Tomaten, Kichererbsen und die Brühe in den Topf zum Hackfleisch geben.

3 4 Minuten bei mittlerer Hitze garen und mit Salz und Pfeffer abschmecken.

Zubereitungszeit: 25 Minuten
Nährwerte pro Portion:
1702 kJ/406 kcal, 26 g Eiweiß,
12 g Kohlenhydrate, 27 g Fett

Bulgur mit Kichererbsen und Feta

Schmeckt auch kalt am nächsten Tag wunderbar!

Zutaten für 4 Personen

- Salz
- 200 g Bulgur
- 400 g gemischtes TK-Gemüse
- 1 Dose Kichererbsen (ca. 240 g Abtropfgewicht)
- 1 Bio-Zitrone
- 1 EL Rapsöl
- 3 EL Walnussöl
- 2 EL Apfelessig
- etwas Honig
- etwas Senf
- Pfeffer
- 1 Handvoll frische Kräuter nach Belieben
- 50 g Walnüsse
- ½ Salatgurke
- 150 g Feta

Zubereitung

1 400 ml Salzwasser aufkochen, Bulgur ins Wasser geben und bei geschlossenem Deckel etwa 25 Minuten quellen lassen.

2 Tiefkühlgemüse dünsten. Die Kichererbsen in einem Sieb abtropfen lassen.

3 Zitrone waschen und etwas Schale abreiben. 3 bis 4 EL Zitronensaft in ein Schälchen auspressen und mit der Zitronenschale, Salz, dem Öl, 2 EL Wasser, dem Apfelessig, Honig, Senf, Pfeffer und frischen, gehackten Kräutern zu einem Dressing vermengen.

4 Die Walnüsse hacken und kurz goldgelb rösten. Die Kichererbsen mit den noch heißen Walnüssen und dem Dressing mischen.

5 Die Salatgurke schälen und in Würfel schneiden. Feta zerbröseln. Die Zutaten, inklusive des fertigen Bulgurs, in eine große Schüssel geben und mit dem Dressing vermengen.

Zubereitungszeit: 25 Minuten
Nährwerte pro Portion:
2465 kJ/587 kcal, 18 g Eiweiß,
44 g Kohlenhydrate, 36 g Fett

Kartoffelvarianten für eine gute und zugleich leckere Sättigung

Kartoffelgratin

Zutaten für 6 Portionen

- 1,2 kg mehligkochende Kartoffeln
- 240 ml Milch (3,8 % Fett)
- 120 ml Sahne
- Salz, Pfeffer
- Muskat
- 240 g Emmentaler, 45 % Fett i. Tr.
- 1 kleiner Thymianzweig

Info
Kartoffeln werden fälschlicherweise oft für Dickmacher gehalten. Es stimmt schon, dass sie viele Kohlenhydrate liefern, dafür machen sie aber lange satt und enthalten so gut wie kein Fett.

Zubereitung

1 Die Kartoffeln waschen, schälen und in etwa 2 mm dicke Scheiben hobeln.

2 Milch und Sahne in einem Topf kurz aufkochen und den Thymianzweig hineingeben. Mit Salz, Pfeffer und Muskat würzen.

3 Den Emmentaler reiben.

4 Die gehobelten Kartoffeln in den Topf mit der Sahne-Milch-Mischung geben und etwa 6 Minuten ganz leicht köcheln lassen.

5 Danach den Thymianzweig entfernen und die Hälfte der Kartoffeln in eine kleine Auflaufform füllen. Die Hälfte des Emmentalers über den Kartoffeln verteilen und dann den Rest aus dem Topf auf den Käse geben. Als Abschluss den übrigen Emmentaler auf den Kartoffeln verteilen.

6 Die Auflaufform in den Ofen stellen und etwa 15 Minuten bei 180 °C backen.

Zubereitungszeit: 20 Minuten
Ofenzeit: 20 Minuten
Nährwerte pro Portion:
1629 kJ/390 kcal, 17 g Eiweiß,
34 g Kohlenhydrate, 20 g Fett

Vegetarische Bauernpfanne

Zutaten für 1 Person

- 140 g vorwiegend festkochende Kartoffeln
- Salz
- 1 kleine Zwiebel
- 50 g gemischtes Gemüse (frisch oder TK, z. B. Lauch, Paprika, Pilze)
- 1 Handvoll frische Kräuter nach Belieben
- 20 g Zuckermais (Dose)
- 20 g Kidneybohnen (Dose)
- 1 TL Rapsöl
- 30 ml Gemüsebrühe
- 40 g Schmand
- Pfeffer
- Muskat
- Paprikapulver

Zubereitung

1 Die Kartoffeln schälen und in Salzwasser kochen.

2 Währenddessen das Gemüse vorbereiten. Frisches Gemüse putzen und in etwa 2 cm große Stücke bzw. Ringe schneiden. (Das TK-Gemüse am besten schon im Kühlschrank über Nacht auftauen.)

3 Die frischen Kräuter waschen und klein hacken.

4 Die Gemüsebrühe mit dem Schmand, den frischen Kräutern, Salz, Pfeffer, Muskat und Paprikapulver vermischen.

5 Wenn die Kartoffeln fertig sind, in etwa 1 cm dicke Scheiben schneiden und kurz abkühlen lassen.

6 Die Zwiebel in Würfel schneiden. Das Rapsöl in einem Topf erhitzen und die Zwiebel glasig dünsten.

7 Das komplette Gemüse (inklusive abgetropftem Mais und Kidneybohnen aus der Dose) in den Topf zu den glasigen Zwiebeln geben. Etwa 3 Minuten anschwitzen und dann die Kartoffeln vorsichtig unterheben und die Gemüsebrühe-Schmand-Kräutermischung zugießen. Kurz aufkochen lassen und servieren.

Zubereitungszeit: 20 Minuten
Nährwerte pro Portion:
1419 kJ/340 kcal, 8 g Eiweiß,
33 g Kohlenhydrate, 18 g Fett

Weißkohl-Kartoffel-Auflauf

Zutaten für 2 Portionen

- 2 Schalotten
- 1 Knoblauchzehe
- 1 kleine Stange Lauch
- 1 große Karotte
- 1 EL Rapsöl
- 50 g Emmentaler, 45 % Fett i. Tr.
- 100 g Frischkäse
- 100 ml Gemüsebrühe
- 50 ml Milch (3,8 % Fett)
- Salz, Pfeffer
- Muskat
- Paprikapulver
- Currypulver
- Majoran, getrocknet
- 300 g Weißkohl
- 250 g vorwiegend festkochende Kartoffeln

Zubereitung

1 Schalotten und Knoblauchzehe schälen und würfeln. Lauch und Karotte reinigen, eventuell schälen und grob würfeln bzw. den Lauch in Ringe schneiden.

2 1 EL Rapsöl in einem kleinen Topf erhitzen, Schalotten, Knoblauch, Karotten und Lauch 2 Minuten dünsten.

3 Frischkäse, Gemüsebrühe und Milch in den Topf geben, mit Salz, Pfeffer, Muskat, Paprikapulver, einer Prise Curry sowie Majoran abschmecken und kurz aufkochen.

4 Weißkohl reinigen und in sehr feine Streifen schneiden. Kartoffeln reinigen, schälen und in sehr dünne (Eurostück dick) Scheiben schneiden.

5 Emmentaler reiben.

6 Zutaten in einer Auflaufform (Größe 20 x 14 cm) schichten. Eine Schicht Kartoffelscheiben (leicht überlappend, ziegelförmig) auf den Boden der Auflaufform auslegen. 25 g geriebenen Emmentaler über dem Kartoffelboden verteilen. Weißkohlstreifen als zweite Schicht darüber, dann die Hälfte der Gemüse-Frischkäsemasse aus dem Topf über den Weißkohlstreifen verteilen. Als dritte Schicht die restlichen Kartoffelscheiben (wie Schicht 1) und dann die restlichen Weißkohlstreifen (wie Schicht 2) über den Kartoffelscheiben verteilen. Die restliche Gemüse-Frischkäsemasse und den restlichen Emmentaler gleichmäßig verteilen.

7 Bei 190 °C auf mittlerer Schiene etwa 30 Minuten im Ofen backen.

Zubereitungszeit: 20 Minuten
Garzeit: 30 Minuten
Nährwerte pro Portion:
1911 kJ/456 kcal, 22 g Eiweiß, 40 g Kohlenhydrate, 20 g Fett

Besondere Beilagen für Abendessen oder Mittagspause

Spinatrisotto

Zutaten für 2 Portionen

- 250 g Spinat (TK)
- 600 ml Gemüsebrühe
- 2 Schalotten
- 1 Knoblauchzehe
- 1 EL Olivenöl
- 150 g Risottoreis
- Salz, Pfeffer
- 1 Prise Muskat
- 10 g Butter
- 50 g Parmesan, gerieben

Zubereitung

1 TK-Spinat auftauen lassen (eventuell am Vortag im Kühlschrank).

2 Gemüsebrühe aufkochen und heiß halten.

3 Schalotten und Knoblauch schälen und fein würfeln. 1 EL Öl in einem Topf erhitzen und die Schalotten- und Knoblauchwürfel glasig dünsten.

4 Reis dazugeben und mitdünsten, 150 ml Gemüsebrühe zugießen und einkochen. Den Reis mit offenem Topf garen und restliche Gemüsebrühe im Zeitfenster von etwa 15 Minuten zugießen und einkochen lassen, bis der Reis cremig ist.

5 Spinat mit etwas Salz, Pfeffer und Muskat würzen und mit Butter und Parmesan unter den Risottoreis heben. Kurz aufkochen und servieren.

Zubereitungszeit: 30 Minuten
Nährwerte pro Portion:
2367 kJ/563 kcal, 17 g Eiweiß,
64 g Kohlenhydrate, 26 g Fett

Mais-Polenta

Zutaten für 2 Personen

400 ml Gemüsebrühe
200 ml Milch (3,8 % Fett)
120 g Polenta
100 g Feta
1 Dose Mais (212 g)
1 EL Butter
etwas frische Minze oder Zitronenmelisse
Salz, Pfeffer

Zubereitung

1 Gemüsebrühe, Milch und Polenta in einen Topf geben und mit einem Schneebesen kräftig umrühren. Polenta bei starker Hitze zum Kochen bringen, auf niedrige Hitze zurückschalten und weitere 5 bis 8 Minuten unter Rühren kochen lassen. Vom Herd nehmen und zugedeckt weitere 10 Minuten ziehen lassen.

2 Feta zerkrümeln. Mais abgießen, gut abtropfen lassen. Minze reinigen und fein hacken. Butter in einer Pfanne erhitzen, den abgetropften Mais kurz darin anbraten und mit dem Feta und der Minze unter die Polenta ziehen. Mit Salz und Pfeffer würzen.

Zubereitungszeit: 25 Minuten
Nährwerte pro Portion:
2101 kJ/503 kcal, 16 g Eiweiß,
30 g Kohlenhydrate, 34 g Fett

Reis mit Rucola und Zuckerschoten

Zutaten für 2 Personen

- 100 g Reis
- Salz
- 50 g Rucola
- 200 g Zuckerschoten
- 1 Knoblauchzehe
- 10 Cocktailtomaten
- 1 EL Olivenöl
- 1 Chilischote
- 100 g Feta
- Pfeffer
- 25 g Parmesan, gerieben

Zubereitung

1 Den Reis nach Anweisung in Salzwasser kochen.

2 Den Rucola verlesen, waschen und trocken schleudern. Die Zuckerschoten waschen. Die Knoblauchzehe klein hacken, die Cocktailtomaten halbieren.

3 Pfanne leicht erhitzen, Olivenöl hineingeben und die Chilischote, den Knoblauch, die Zuckerschoten und die Tomaten darin andünsten. Reis und den gewürfelten Feta hinzufügen.

4 Zum Schluss den Rucola dazugeben und vermengen. Mit Salz und Pfeffer abschmecken, den geriebenen Parmesan darüberstreuen und direkt servieren.

Zubereitungszeit: 20 Minuten
Nährwerte pro Portion:
2233 kJ/533 kcal, 21 g Eiweiß,
53 g Kohlenhydrate, 24 g Fett

Info
Vielen dauern Reisgerichte zu lang. Das muss aber nicht sein: Je nach Sorte ist Reis in ca. 20 Minuten gar gekocht. Für die ganz schnelle Küche eignet sich 10-Minuten-Reis. Und während die Körner garen, können Sie entspannt die anderen Zutaten zubereiten.

Bulgurpfanne

Zutaten für 2 Portionen

- 100 g Bulgur
- Salz
- 1 kleiner Brokkoli
- 1 kleine Aubergine
- 1 Bund Frühlingszwiebeln
- 2 Chilischoten
- 1 EL Olivenöl
- 1 kleine Dose geschälte Tomaten
- Pfeffer
- 1 Messerspitze Kurkuma
- 250 ml Gemüsebrühe
- ½ Bund gemischte Kräuter (z. B. Majoran, Schnittlauch, Liebstöckel)
- 4 TL gehackte Mandeln
- 1 Knoblauchzehe
- 200 g Naturjoghurt (3,8 % Fett)

Zubereitung

1 Bulgur mit 200 ml Salzwasser überbrühen und bei geschlossenem Deckel 20 Minuten ziehen lassen.

2 Brokkoli waschen und in sehr kleine Röschen teilen. Aubergine waschen und in kleine Würfel schneiden. Lauchzwiebeln und Chilis waschen und in Ringe schneiden.

3 Öl in einer Pfanne erhitzen und das Gemüse darin bissfest anbraten.

4 Geschälte Tomaten grob schneiden und mit dem Tomatensaft zum Gemüse geben. Mit Salz, Pfeffer, Kurkuma würzen und mit der Gemüsebrühe ablöschen.

5 Kräuter reinigen und hacken.

6 Den fertigen Bulgur unter das Gemüse mischen. Die Kräuter dazugeben, mit Salz, Pfeffer und Kurkuma abschmecken.

7 Mandeln in einer beschichteten Pfanne ohne Zugabe von Fett rösten, Knoblauchzehe schneiden und kurz mitdünsten. Beides unter den Joghurt mischen und mit Salz und Pfeffer abschmecken.

8 Den Joghurt zusammen mit der Bulgurpfanne servieren.

Zubereitungszeit: 30 Minuten
Nährwerte pro Portion:
2812 kJ/671 kcal, 27 g Eiweiß,
68 g Kohlenhydrate, 29 g Fett

Feine Wirsing-streifen mit getrockneten Tomaten, Oliven und Feta

Zutaten für 4 Personen

- 1 Zwiebel
- 1 Knoblauchzehe
- 500 g Wirsing
- 100 g schwarze Oliven
- 100 g getrocknete Tomaten
- 3 EL Olivenöl
- 1 TL Honig
- Salz, Pfeffer
- 200 g Feta
- 1 Handvoll mediterrane Kräuter
- gegarter Reis nach Belieben (160 g pro Person)

Zubereitung

1 Zwiebel und Knoblauch schälen und in feine Würfel schneiden. Wirsing reinigen und in sehr feine Streifen schneiden. Schwarze Oliven halbieren, getrocknete Tomaten fein schneiden.

2 Olivenöl in einem Topf erhitzen, Zwiebel, Knoblauch und die getrockneten Tomaten anbraten und mit dem Honig leicht karamellisieren, die Wirsingstreifen dazugeben. Salzen und pfeffern und alles vermengen, bei geschlossenem Topf etwa 5 Minuten dünsten.

3 Währenddessen Feta würfeln. Dann die Kräuter, Oliven und den Feta unterheben und weitere 2 Minuten bei geschlossenem Topf dünsten. Sofort mit Reis servieren!

Zubereitungszeit: 20 Minuten
Nährwerte pro Portion:
1962 kJ/470 kcal, 18 g Eiweiß,
40 g Kohlenhydrate, 24 g Fett

Low-Carb-Gemüsevarianten für Abendessen oder Mittagspause

Portugiesische Spinat-Tortilla

Zutaten für 2 Personen

1 Knoblauchzehe
20 g Pinienkerne oder Walnüsse
100 g Feta
2 EL Butter
20 g Rosinen
160 g Spinat (TK)
etwas Bio-Zitronenschale
Salz, Pfeffer
etwas Muskat
2 Eier
60 ml Milch (3,8 % Fett)
1 EL Rapsöl

Zubereitung

1 Knoblauch fein würfeln. Pinienkerne oder Walnüsse in einer Pfanne ohne Fett goldbraun rösten. Feta in 1 cm große Würfel schneiden.

2 Butter in einem Töpfchen bei leichter Hitze erwärmen. Rosinen und Knoblauch in der heißen Butter andünsten. Spinat, Pinienkerne und Zitronenschale zugeben. Mit Salz, Pfeffer und Muskat würzen. So lange garen, bis der Spinat auftaut, dann Käsewürfel unterheben.

3 Ei mit der Milch verquirlen und mit Salz und Pfeffer würzen. Rapsöl in einer ofenfesten, beschichteten Pfanne erhitzen. Eiermasse hineingeben und bei milder Hitze leicht stocken lassen. Spinatmasse gleichmäßig darauf verteilen und im vorgeheizten Backofen auf der mittleren Schiene bei 180 °C in etwa 7 Minuten stocken lassen.

4 Pfanne aus dem Ofen nehmen, Tortilla am Rand vorsichtig lösen, auf einen flachen Teller gleiten lassen und servieren.

Zubereitungszeit: 25 Minuten
Nährwerte pro Portion:
2281 kJ/546 kcal, 21 g Eiweiß,
12 g Kohlenhydrate, 45 g Fett

Gratinierter Fenchel

Zutaten für 4 Portionen

2 Fenchelknollen
Salz
2 EL Zitronensaft
75 g Blauschimmelkäse
75 g Bergkäse
4 Tomaten (Dose)
50 g Oliven
Pfeffer

Zubereitung

1 Die Fenchelknollen reinigen. Das Fenchelgrün entfernen und fein hacken. Die Knollen längs halbieren und den Strunk entfernen. In einem Topf mit wenig Salz-Zitronen-Wasser etwa 5 Minuten bei leichter Hitze dünsten.

2 Währenddessen den Blauschimmelkäse fein bröseln und den Bergkäse fein raspeln. Die Tomaten in Scheiben und die Oliven in Ringe schneiden.

3 Die vier Fenchelstücke mit dem Innenteil nach oben in eine Auflaufform geben. Die Hälfte des Fenchelgrüns und die Hälfte des Käses auf dem Fenchel verteilen – dann die Tomatenscheiben und die Oliven auf die Fenchelstücke legen. Etwas würzen. Zum Schluss den Rest Käse und Fenchelgrün auf den Fenchelstücken verteilen.

4 Bei 180 °C 5 Minuten, dann etwa 2 Minuten bei 200 °C Grill im Ofen backen.

Zubereitungszeit: 30 Minuten
Nährwerte pro Portion:
1060 kJ/253 kcal, 13 g Eiweiß,
10 g Kohlenhydrate, 17 g Fett

Blumenkohl-Brokkoli-Curry

Zutaten für 1 Portion

- 100 g Brokkoli (frisch oder TK)
- 100 g Blumenkohl (frisch oder TK)
- 1 Zwiebel
- 1 Knoblauchzehe
- 1 EL Sesamöl
- ½ Bund gemischte Kräuter (z. B. Schnittlauch, Koriander, Petersilie, Basilikum)
- 25 ml Milch (3,8 % Fett)
- 25 ml Gemüsebrühe
- 50 g Schmand
- Curry nach Belieben
- Chili nach Belieben
- Salz, Pfeffer
- 7 Cashewkerne

Zubereitung

1 Brokkoli und Blumenkohl putzen und kleine Röschen schneiden. Zwiebel und Knoblauch schälen und fein würfeln.

2 Sesamöl in einer großen Pfanne erhitzen und die Zwiebel und den Knoblauch darin glasig dünsten. Nach etwa 1 Minute die Blumenkohl- und Brokkoliröschen mitdünsten und immer etwas umrühren.

3 Währenddessen die frischen Kräuter schneiden. Milch und Gemüsebrühe mit dem Schmand, Curry, Chili, Salz und Pfeffer mischen. Die Cashewkerne hacken.

4 Wenn das Gemüse bissfest gegart ist, die Milch-Schmand-Masse unterheben. Kurz erhitzen (nicht mehr kochen!). Eventuell etwas nachwürzen, mit den gehackten Cashewkernen bestreuen und servieren.

Zubereitungszeit: 25 Minuten
Nährwerte pro Portion:
1759 kJ/420 kcal, 12 g Eiweiß,
18 g Kohlenhydrate, 31 g Fett

Rote Bete gratiniert

Zutaten für 4 Portion

1000 g Rote Bete (gekocht)
400 g Feta
½ TL getrockneter Thymian
2 EL Olivenöl

Tipp
Der Saft der Roten Bete färbt unerbittlich alles, mit dem er in Berührung kommt. Sollte doch einmal etwas daneben gegangen sein, hilft Zitronensaft beim Entfernen der Flecken.

Zubereitung

1 Rote Bete würfeln, in eine Auflaufform geben mit Feta belegen. Mit Thymian bestreuen und 2 EL Olivenöl darüber träufeln.
2 Im Ofen bei 180 °C 10 Minuten backen, dann mit dem Grill bräunen.

Zubereitungszeit: 25 Minuten
Nährwerte pro Portion:
1955 kJ/468 kcal, 20 g Eiweiß, 22 g Kohlenhydrate, 32 g Fett

Schnelle Leckereien mit Fisch

Meerespralinen mit Honig-Senf-Dip

Köstlich – auch, aber nicht nur für Gäste

Zutaten für 4 Personen

½–1 Bund Kräuter (z. B. Dill, Petersilie)
12 dünne Scheiben Graved Lachs
50 g frischer Meerrettich
150 g Frischkäse
Salz, Pfeffer
1 Spritzer Zitronensaft
30 g Honig
40 g Senf
2 EL Walnussöl
2 EL Balsamico-Essig

Zubereitung

1 Die Kräuter waschen und grob hacken. Für die Deko etwas zur Seite legen. Die 12 Lachsscheiben halbieren. Meerrettich reiben und mit Frischkäse, Salz, Pfeffer, Zitronensaft und der Hälfte der Kräuter zu einer feinen stabilen Masse verrühren.

2 Die Masse auf die halbierten Lachscheiben streichen, aus den Scheiben Pralinenkugeln formen und sofort kalt stellen.

3 Honig, Senf, Walnussöl und Balsamico-Essig mit den übrigen Kräutern zu einem Dip vermengen. Die Pralinen auf einem Tablett oder Tellern anrichten und mit den Deko-Kräutern bestreuen.

Zubereitungszeit: 20 Minuten
Nährwerte pro Portion:
1041 kJ/249 kcal, 17 g Eiweiß,
9 g Kohlenhydrate, 16 g Fett

Heilbutt auf Basilikum-Tomaten

Zutaten für 2 Portionen

300 g mittelgroße Tomaten
1 EL Olivenöl
Salz, Pfeffer
1 Bund Basilikum
2 Heilbuttfilets à 150 g
Zitronensaft
1 Prise Muskat
150 ml Fischfond oder Gemüsebrühe
1 EL Butter

Zubereitung

1 Die Tomaten blanchieren, häuten und in Scheiben schneiden, dabei Kerne und Stängelansatz entfernen. Eine Auflaufform mit Olivenöl auspinseln, die Tomaten hineinlegen, salzen und pfeffern.

2 Basilikum abbrausen, trocken schütteln und vier Zweige beiseitelegen. Von den restlichen die Blättchen abzupfen und über die Tomaten geben.

3 Den Backofen auf 180 °C vorheizen.

4 Die Heilbuttfilets waschen, trocken tupfen, mit Zitronensaft beträufeln, leicht salzen und mit Pfeffer und Muskat leicht würzen.

5 Den Fischfond in die Form gießen und den Heilbutt auf die Tomatenscheiben legen. Butterflöckchen darauf verteilen und auf jeden Heilbutt einen Zweig Basilikum legen.

6 Die Auflaufform auf die mittlere Schiene des Backofens stellen und den Fisch in 15 Minuten garen. Nach Belieben mit Basilikum bestreut servieren.

Zubereitungszeit: 20 Minuten
Nährwerte pro Portion:
1593 kJ/381 kcal, 21 g Eiweiß,
4 g Kohlenhydrate, 31 g Fett

Variation
Probieren Sie dieses Rezept auch mit Thunfisch- oder Seeteufelfilets.

Mediterraner Fischtopf

Zutaten für 4 Portionen

1 Zwiebel
1 Knoblauchzehe
1 rote Chilischote
1 EL Olivenöl
1 kleine Karotte
¼ Sellerie
400 g Pizzatomaten (Dose)
800 ml Fischfond oder Gemüsebrühe
100 ml Weißwein
Salz, Pfeffer
Zucker
1 Stange Lauch
300 g fettarmes Fischfilet (Rotbarsch, Kabeljau oder Seelachs)

Zubereitung

1 Zwiebel und Knoblauch fein hacken und zusammen mit der fein geschnittenen Chilischote in dem Olivenöl dünsten.

2 Karotte und Sellerie stifteln und mitdünsten, bis sie bissfest sind.

3 Mit Tomaten, Fischfond und Wein aufgießen, aufkochen und würzen.

4 Den Lauch in feine Ringe schneiden und das Fischfilet grob würfeln. Beides in die Suppe geben und bei geringer Hitze gar ziehen lassen.

Zubereitungszeit: 20 Minuten
Nährwerte pro Portion:
1138 kJ/272 kcal, 17 g Eiweiß,
14 g Kohlenhydrate, 12 g Fett

Lachs-Zucchini-Pfanne

Zutaten für 2 Personen

- 500 g Zucchini
- 1 kleine Zwiebel
- 1 EL Rapsöl
- 1 EL Mehl
- 75 ml Sahne
- 75 ml Milch (3,8 % Fett)
- 250 ml Gemüsebrühe
- 2–3 TL Senf
- 350 g Lachsfilet (ohne Haut)
- Salz, Pfeffer
- etwas Zitronensaft
- 1 Bund gemischte Kräuter (z. B. glatte Petersilie, Dill, Minze, Borretsch)

Zubereitung

1 Die Zucchini in 1,5 cm große Würfel schneiden, die Zwiebel abziehen und fein würfeln.

2 Rapsöl in einer Pfanne erhitzen und die Zwiebeln darin andünsten. Zucchiniwürfel dazugeben und 2 Minuten mitbraten. Mehl darüberstäuben und kurz mitbraten.

3 Sahne, Milch, Gemüsebrühe und Senf dazugeben und bei mittlerer Hitze 8 Minuten zugedeckt schmoren lassen.

4 Das Lachsfilet in 1,5 cm große Würfel schneiden. Zu den Zucchiniwürfel geben und etwa 6 Minuten weiterschmoren lassen (die Lachswürfel sollten nicht verkochen). Mit Salz, Pfeffer und etwas Zitronensaft würzen.

5 Die Kräuter fein hacken und vor dem Servieren unter die Lachs-Zucchini-Pfanne heben.

Zubereitungszeit: 25 Minuten
Nährwerte pro Portion:
2668 kJ/639 kcal, 44 g Eiweiß,
17 g Kohlenhydrate, 43 g Fett

SÜSSES BRAINFOOD FÜR ZWISCHENDURCH

Süße Gersten-Nuss-Bällchen fürs Büro und unterwegs

Superfood wie Chiasamen sind als Abwechslung mal ganz gut, jedoch brauchen wir diese teuren Lebensmittel nicht für unsere Gesundheit. Essen Sie saisonal: Im Frühling und Frühsommer gibt es Beeren, Bärlauch und Spargel. Im Sommer haben Tomaten, Paprika und Gurken Hochsaison. Im Herbst und Winter gibt es Kürbis, Feldsalat und Kohlvarianten.

Zubereitungszeit: 15 Minuten
Kühlschrankzeit: 30 Minuten
Nährwerte pro Portion:
1007 kJ/241 kcal, 8 g Eiweiß, 17 g Kohlenhydrate, 16 g Fett

Zutaten für 6 Personen

- 75 g Gerstenflocken
- 15 g geschroteter Leinsamen
- 15 g Chiasamen
- 100 g Erdnussbutter
- 25 g fein geriebene Schokolade (mind. 70 % Kakao)
- 1 EL Waldhonig
- 50 g Studentenfutter

Außerdem

- Küchenhandschuhe

Zubereitung

1 Gerstenflocken in einem großen Topf rösten und dann auskühlen lassen. Leinsamen, Chiasamen, Erdnussbutter, Schokolade, etwa 50 ml Wasser und Waldhonig mit den ausgekühlten Gerstenflocken zu einer teigigen Masse verrühren.

2 Die Masse etwa 15 Minuten in den Kühlschrank stellen. Währenddessen das Studentenfutter sehr fein hacken.

3 Küchenhandschuhe anziehen! Die Masse aus dem Kühlschrank nehmen und etwa 15 g schwere Kugeln rollen. Die Kugeln im gehackten Studentenfutter rollen und nochmals 15 Minuten in den Kühlschrank legen. Fertig!

Apfel-Quark-Auflauf

Zutaten für 2 Personen

- 250 g Äpfel
- 2 kleine Eier
- 20 g Zucker
- 10 g Butter
- 30 g Grieß
- 250 g Magerquark
- 2 Messerspitzen Backpulver
- 1 TL Bio-Zitronenschale

Zubereitung

1 Die Äpfel waschen und in sehr kleine Würfel schneiden.

2 Die Eier trennen. Das Eigelb mit dem Zucker und der Butter schaumig rühren. Grieß, Quark, Backpulver und abgeriebene Zitronenschale dazugeben und alles gut verrühren.

3 Das Eiweiß steif schlagen, die Apfelwürfel und das Eiweiß locker unterheben.

4 Die Masse in eine etwas gefettete, feuerfeste Auflaufform füllen und bei 180 bis 200 °C etwa 30 Minuten backen. Anschließend aus dem Ofen nehmen, ein paar Minuten ruhen lassen und servieren.

Zubereitungszeit: 15 Minuten
Ofenzeit: 30 Minuten
Nährwerte pro Portion:
1766 kJ/423 kcal, 23 g Eiweiß,
44 g Kohlenhydrate, 16 g Fett

Mandelquark mit Erdbeeren

Zutaten für 2 Portionen

- 200 g Erdbeeren (frisch oder TK)
- 2 EL gemahlene Mandeln
- 250 g Magerquark
- 2 EL Honig
- 3 EL Milch (3,8 % Fett)
- 1 Prise Zimt
- 2 EL Zitronensaft
- 6 zerstoßene Amarettini-Kekse

Info
In Mandeln steckt mit knapp 20 Prozent etwa soviel Eiweiß wie im Mozzarella. Damit sind sie eine super Eiweißalternative für Veganer und ein gutes Sportfood.

Zubereitung

1 TK-Erdbeeren auftauen, frische reinigen.
2 Gemahlene Mandeln in einer Pfanne ohne Fett anrösten, abkühlen lassen.
3 Mandeln, Quark, 1 Esslöffel Honig, Milch und Zimt verrühren.
4 Erdbeeren, Zitronensaft und 1 Esslöffel Honig pürieren.
5 Quark und Püree in 2 Gläser schichten. Mit Amarettini-Keksen garniert servieren.

Zubereitungszeit: 20 Minuten
Nährwerte pro Portion:
1844 kJ/439 kcal, 21 g Eiweiß,
43 g Kohlenhydrate, 16 g Fett

Kokosreis mit exotischem Fruchtsalat

Zutaten für 4 Portionen

- 100 g Milchreis
- 200 ml Kokosmilch
- 3 EL Honig
- 1 kleine Ananas
- 1 Mango
- 1 Papaya
- 1 Banane
- 3 EL Limettensaft

Zubereitung

1 Den Reis mit 200 ml Wasser, 200 ml Kokosmilch und 2 Esslöffel Honig in einem Topf zum Kochen bringen, dann bei schwacher Hitze ausquellen lassen.

2 Die Ananas schälen und längs vierteln, um den harten Strunk aus der Mitte herauszuschneiden. Dann in mundgerechte Würfel schneiden. Mango schälen und ebenso in Würfel schneiden. Papaya schälen und längs halbieren, Kerne mit einem Löffel herausnehmen. Fruchtfleisch in Würfel schneiden. Banane schälen und in dünne Scheiben schneiden.

3 Limettensaft mit 1 Esslöffel Honig verrühren. Die Früchte untermischen und kurz ziehen lassen.

4 Den Kokosreis auf Teller verteilen, die Früchte daneben anrichten.

Zubereitungszeit: 30 Minuten
Nährwerte pro Portion:
1692 kJ/405 kcal, 4 g Eiweiß,
68 g Kohlenhydrate, 12 g Fett

Beeren-Kirsch-Grütze mit Zitronensauce

Die Kombination aus Früchten und Milchprodukten lässt den Blutzucker nur langsam ansteigen. So bleibt die Konzentration bei der Arbeit auf Trab!

Zutaten für 4 Personen

200–250 ml Sauerkirschsaft (je nach Konsistenz)
20 g Speisestärke
250 g TK-Beerenmischung
250 g Sauerkirschen (Glas)
50 g Duplo
300 g Naturjoghurt (3,8 % Fett)
1 Bio-Zitrone
etwas frische Minze

Zubereitung

1 50 bis 100 ml Sauerkirschsaft mit der Speisestärke glatt rühren.

2 Den restlichen Saft zum Kochen bringen, angerührte Speisestärke einrühren und dann das Obst unterrühren und aufkochen lassen. Danach in eine Glasschüssel füllen und kalt stellen.

3 Duplo und die Minze fein hacken. Den Joghurt mit etwas Zitronensaft, abgeriebener Zitronenschale und der Duplo-Minzmasse vermengen. Die Joghurtmasse dekorativ mit Minzblatt auf der erkalteten Obstmasse anrichten.

Zubereitungszeit: 20 Minuten
Kaltstellen: 2 Stunden
Nährwerte pro Portion:
1005 kJ/239 kcal, 6 g Eiweiß,
36 g Kohlenhydrate, 7 g Fett

Bibliografische Information der Deutschen Nationalbibliothek
Die Deutsche Nationalbibliothek verzeichnet diese Publikation in der deutschen Nationalbibliografie; detaillierte bibliografische Daten sind im Internet über http://dnb.ddb.de/ abrufbar.

ISBN 978-3-86910-332-7 (Print)
ISBN 978-3-86910-342-6 (PDF)
ISBN 978-3-86910-343-3 (EPUB)

Fotos:
Karl Huber Fotodesign, Nagold, Alexander Huber
Titelmotiv: Getty Images/Claudia Totir, shutterstock/Gcapture

Vielen Dank an:
Bernhard Walz, der die Idee zu diesem Buch hatte, sowie Christina Saile und Nina Geißler, die mich beim Fotoshooting unterstützt haben!

2. Auflage

Eine Marke der Schlüterschen Verlagsgesellschaft mbH & Co. KG
Hans-Böckler-Allee 7, 30173 Hannover
www.schluetersche.de
www.humboldt.de

Lektorat: Ulrike Schöber, Dortmund
Layout und Satz: Die Feder, Konzeption vor dem Druck GmbH, Wetzlar
Covergestaltung: semper smile Werbeagentur GmbH, München
Druck und Bindung: Grafisches Centrum Cuno GmbH & Co. KG, Calbe